JOSÉ MANUEL MARRASÉ

A educação invisível

Inspirar • surpreender • emocionar • motivar

Dados Internacionais de Catalogação na Publicação (CIP)
Angélica Ilacqua CRB-8/7057

Marrasé, José Manuel
    A educação invisível : inspirar, surpreender, emocionar, motivar / José Manuel Marrasé ; tradução de Oscar Ruben Lopez Maldonado. -- São Paulo : Paulinas, 2021.
    152 p. (Coleção Educação em foco)

    ISBN 978-65-5808-071-8
    Título original: La educación invisible: inspirar, sorprender, emocionar, motivar

    1. Prática de ensino 2. Professores 3. Educação I. Título II. Maldonado, Oscar Ruben Lopez III. Série

21-2324   CDD 371.3

Índice para catálogo sistemático:
1. Prática de ensino   371.3

1ª edição – 2021

Título original:	*Educación invisible (La)*
	Inspirar, sorprender, emocionar, motivar
	(c) Narcea, S.A. de Ediciones, 2019.
Direção-geral:	*Flávia Reginatto*
Editora responsável:	*Andréia Schweitzer*
Tradução:	*Oscar Ruben Lopez Maldonado*
Copidesque:	*Ana Cecilia Mari*
Coordenação de revisão:	*Marina Mendonça*
Revisão:	*Sandra Sinzato*
Gerente de produção:	*Felício Calegaro Neto*
Projeto gráfico e capa:	*Telma Custódio*

Nenhuma parte desta obra poderá ser reproduzida ou transmitida por qualquer forma e/ou quaisquer meios (eletrônico ou mecânico, incluindo fotocópia e gravação) ou arquivada em qualquer sistema ou banco de dados sem permissão escrita da Editora. Direitos reservados.

Paulinas
Rua Dona Inácia Uchoa, 62
04110-020 – São Paulo – SP (Brasil)
Tel.: (11) 2125-3500
http://www.paulinas.org.br – editora@paulinas.com.br
Telemarketing e SAC: 0800-7010081
© Pia Sociedade Filhas de São Paulo – São Paulo, 2021

A todos aqueles que procuram semear razão, sentimento e virtude.
A todos aqueles que plantam árvores
com galhos carregados de generosidade e criatividade.
A todos aqueles que ensinam a pensar, a descobrir e a viver.
A todos aqueles que impulsionam sonhos e vontades.
A todos aqueles que educam.

AGRADECIMENTOS

Temos de agradecer. Somos graças aos outros e com os outros. Infinitas graças à minha família, aos meus amigos, aos meus colegas de profissão, a todos os alunos e suas famílias, a um amanhecer inspirador, aos passeios que geram intuições, aos olhos que se abrem e descobrem, aos esforços e vontades que nos dão exemplo, aos livros, com suas vidas, mensagens, sensibilidades e conhecimentos, à equipe humana da editora, a todas as pessoas que, com sua contribuição, tornaram possível esta publicação.

Sumário

APRESENTAÇÃO 9

PARTE I
O SENTIDO DE EDUCAR

CAPÍTULO 1
O fundo e as formas.. 15

CAPÍTULO 2
Educar em equipe..27

CAPÍTULO 3
A segunda aula.. 35

CAPÍTULO 4
Equilibrar a balança..41

PARTE II
OS VERBOS DA SALA DE AULA

CAPÍTULO 5
Inspirar 53

CAPÍTULO 6
Observar 59

CAPÍTULO 7
Escutar.. 65

CAPÍTULO 8
Sentir.. 71

CAPÍTULO 9
Pensar 79

CAPÍTULO 10
Persistir 85

CAPÍTULO 11
Comunicar 91

CAPÍTULO 12
Compreender... 97

CAPÍTULO 13
Ler 103

CAPÍTULO 14
Motivar 109

PARTE III
EDUCAR PARA TEMPOS NOVOS

CAPÍTULO 15
Autonomia, liberdade e limites.....................117

CAPÍTULO 16
O desafio da convivência 121

CAPÍTULO 17
Professores com alma 125

CAPÍTULO 18
Humanizar a sala de aula.............................. 129

CAPÍTULO 19
Por uma educação holística 135

CAPÍTULO 20
Sensações, valores e atitudes: o invisível 141

Referências bibliográficas 147

Apresentação

Educar sempre foi uma maratona; não são suficientes esforços esporádicos, grandes discursos ou planos ambiciosos de ensino. Educar significa impulsionar o mais vital e profundo de cada aluno, percorrendo um longo caminho, no qual cada detalhe é importante; um caminho que devemos percorrer com uma mistura de sentimento e conhecimento, de emoção e sabedoria.

E não é um caminho plano. Há tropeços e quedas, mas é preciso seguir, olhar sempre em frente, com sentido de melhoria e progresso. Como um peregrino, que encara itinerários complexos, é importante estarmos preparados para encontrar bifurcações, subidas íngremes, condições meteorológicas adversas... Há de se resolver imprevistos, e nós, os docentes, temos a necessidade de ser reflexivos, consequentes, sensíveis, ágeis e constantes, em qualquer circunstância, sabendo que cada passo bem dado é um pequeno êxito e que a meta se alcança após a soma de muitos desses passos.

Nessa viagem de mãos dadas com nossos alunos, conhecemos o mapa, e quase mais nada. O mapa desenhado pelos programas nos apresenta coisas bem concretas, e nos parece quase impossível abarcar a longa lista de conteúdos. Isto é, especificam muito bem o *que*, mas sempre nos acometem dúvidas sobre *como* e *para quê* se deve ensinar.

No meu livro anterior, *La alegría de educar* (Barcelona, Plataforma Editorial, 2013), procurei fornecer dicas práticas para que o dia a dia de um professor tenha sentido e para ajudá-lo a identificar sua visão sobre o fato educativo como uma experiência humana vital. Este novo livro pretende ser uma segunda parte, no sentido de prover ao binômio *ensinar-educar* um significado essencial e profundo. Porque não há outra forma de vivê-lo dinamicamente: em cada interação com o aluno temos de oferecer uma visão global, que contenha valores, métodos e apoio constante.

A grande pedagoga Marta Mata afirmava que se aprende por impregnação. Naturalmente, *cada troca emocional com nossos alunos os impregna e nos impregna*, o que é o primeiro passo para uma educação significativa, capaz de difundir atitude, interesse e paixão. É necessário tratar, portanto, do mais intangível, fugidio e importante de nossas relações na sala de aula. Falaremos de alguns verbos que nos podem ajudar a identificar esse fundo, e vamos evidenciar suas mais variadas nuanças para possibilitar que a alegria de educar se instale ao máximo nas salas de aulas.

A estrutura deste livro se divide em três blocos. No primeiro trata-se de compartilhar preocupações que interpelam diariamente o educador, para recordarmos o verdadeiro sentido do nosso papel na sala de aula, a necessária cooperação com as famílias e a influência das tendências e realidades sociais – de fato uma *segunda aula* – e suas consequências, que nos obrigam a uma crítica construtiva e reflexiva.

A segunda parte, o corpo central, trata das questões invisíveis – o que denominei *verbos da aula* – que deveriam orientar a nossa ação na sala de aula. Certamente, os que me acompanharem ao longo destas páginas irão acrescentar verbos derivados ou diferentes, mas também úteis para a nossa tarefa diária. Simplesmente, gostaria que este livro fosse um impulsionador para derivar ideias, inspirar novas atitudes proativas e otimistas na sala de aula.

No terceiro bloco, *educar para novos tempos*, fecha-se o círculo. Mais do que nunca, o papel fundamental das ciências humanas, da arte e da ética, teria de constituir-se novamente no eixo da vida da sala de aula.

É urgente retomar o sentido de uma educação holística, de uma educação invisível que transpire respeito, liberdade, criatividade e solidariedade por todos os seus poros, através de cada pequeno detalhe, por meio da interação com o grupo de alunos, mediante cada conversa, cada gesto, cada atitude.

As últimas páginas resumem a necessidade de recordar o nosso papel – o de educadores, professores, mestres – na constância de atitudes, sensações e valores. O vestígio do invisível permanece, enquanto outros ecos mais superficiais, como programas, fórmulas ou dados, desfocam-se com o tempo.

Permanece em nós o intangível: saber mais, sentir mais, procurar melhorar e crescer como pessoas. Esse é o sedimento que, sem que sejam plenamente conscientes, acabará condicionando o desenvolvimento pessoal e vital dos nossos alunos.

Com a mesma e humilde intenção de inspirar, incorporam-se textos que podem ajudar-nos nesse sentido. Trata-se de uma minúscula parte das inúmeras contribuições que temos nas mãos para elevar o trabalho docente a um estágio mais vital, para um tom mais positivo. Foram incluídos com a esperança de que possam significar um suporte, uma reflexão naqueles momentos de desânimo ou dúvida, um despertador contra a monotonia, ou o ânimo necessário, ou uma semente de criatividade. Esses textos reforçam a ideia de que *o conhecimento é compartilhado,* necessariamente compartilhado. Também podem depositar em nós o germe de novas ideias e o retorno, sempre desejável, a um sentido total da tarefa educativa.

Todos nós, seres humanos, somos poliédricos, temos diferentes interesses, distintos objetivos, variadas inclinações, e acrescentamos constantemente novos estímulos para a nossa vida. Hoje, em pleno século XXI, redescobrimos as imensas capacidades de conhecer-nos e comunicar-nos, e não me refiro apenas às redes sociais. A gestão das emoções, a paixão, a integridade, a ética..., estão retomando sua força como questões fundamentais e necessárias.

Educamos no presente, mas, de algum modo, gerimos e influenciamos o futuro. Nas palavras do escritor Ian McEwan, "quando você tem filhos, começa a desejar que a humanidade funcione e esteja fora de perigo, e se compromete a contribuir com o seu grão de areia nesse sentido. Não tem outro remédio senão ser otimista". E a imensa praia do humano é composta por nossos minúsculos grãos de areia.

Portanto, nas salas de aulas necessitamos amplidão de horizonte e otimismo. Na educação, os professores são a peça-chave. Uma boa organização e recursos tecnológicos são importantes, sem dúvida, mas o fator pessoal, a capacidade de gerir as emoções e o talento é o que acaba determinando o progresso mais autêntico de nossos alunos. Hoje, imersos em um mundo herdado da queda do muro de Berlim, complexo e convulso, a educação é a grande esperança para derrubar outros muros muito mais altos que os materiais, e constitui a grande alavanca para vencer injustiças, egoísmos e mentiras. Viver juntos e compreender-nos serão, sem dúvida, os grandes desafios.

Insisto no otimismo. É preciso abrir caminho, é preciso construir. Necessitamos, mais do que nunca, de um profundo humanismo, que torne possível um futuro desejável; e a educação é a artesã que lentamente pode dar forma a este futuro.

Todos que interferimos na educação – todos nós, toda a sociedade –, somos obrigados, por imperativo ético, a não esquecer as mais nobres finalidades da educação: animar, impulsionar e acompanhar o aluno no seu pleno desenvolvimento individual e social. O fundo e as formas estão relacionados. Nossa tarefa docente não é útil, se não levar sempre em conta o objetivo de deixar como marca a curiosidade permanente. Palavras como generosidade, esforço, empatia, solidariedade, amabilidade, criatividade…, constituem o modo entusiasta e aberto de conviver na sala de aula.

A educação pode ser holística ou limitar-se a um manual de instruções e conteúdos. A primeira é a Educação com "E" maiúsculo; a segunda consiste apenas em aplicar métodos e receitas. A diferença entre a reflexão e a criatividade e a simples funcionalidade. Uma grande diferença.

PARTE I
O sentido de educar

CAPÍTULO 1

O fundo e as formas

> Nossa consciência deve pôr-se
> à altura da nossa razão;
> se não for assim, estamos perdidos.
> Václav Havel

O debate sobre o sentido da educação sempre esteve aberto, e segue gerando opiniões diversas e contraditórias. Os sistemas educativos, como grandes monstros burocráticos que são, não nos oferecem as chaves essenciais para gerir uma sala de aula e fazê-lo com o êxito exigido de nós, enquanto docentes. Partimos de uma situação um tanto forçada: aplicam-se os mesmos programas aos alunos mais díspares, com ilusões, inteligências e habilidades diferentes. Alguém, em instâncias superiores ou comitês de especialistas, decide o que é preciso ensinar e todos aceitamos, sem discutir, que tais matérias ou conteúdos devem ser transmitidos a grupos de alunos com uma ampla gama de interesses e sensibilidades.

Os modelos educativos sempre chegam tarde. A sociedade tecnológica – e líquida – na qual nos inserimos está evoluindo a uma velocidade vertiginosa, à qual as administrações públicas que governam a educação não conseguem adaptar-se. Mais ainda, enquanto os rascunhos e as previsões que circulam pelos escritórios dos ministérios são revisados e reformulados, e as leis são apresentadas e publicadas, a sociedade para a qual se dirige a reforma da vez já não é a mesma. Corremos atrás de uma lebre que não se deixa pegar. A inércia e as formas nos escondem o que está acontecendo no fundo, como se procurássemos plasmar um filme a partir de algumas poucas fotografias. Na verdade, os docentes de hoje são malabaristas que caminham sobre uma corda frágil e insegura, porque nunca se deve esquecer uma questão fundamental: educar é muito mais do que instruir.

Nessa contradição, nesse confronto diário entre fundo e forma, temos de manter o equilíbrio, e não é fácil. No entanto, é apaixonante, e nos obriga a realizar uma pesquisa contínua do estado anímico de cada aluno, que acaba convertendo-se, ou assim deveria ser, no protagonista do desenvolvimento do seu talento. Uma educação de qualidade sempre teve por sólido fundamento os valores, as atitudes, o sentido de progresso, a imaginação, a paixão, as emoções. E muitas dessas condições – as mais importantes – não aparecem nos decretos.

E o problema central reside exatamente nesse paradoxo, na distância existente – e seguramente é melhor que seja assim – entre a vida profunda e fértil da sala de aula e o mapa limitado dos programas ou as tendências do momento. A escola teve o monopólio da formação durante o século passado, mas a presença massiva do mundo digital traz uma quantidade de estímulos e de informação que nenhuma instituição educativa pode abarcar. A lebre segue correndo.

Nesse sentido, a escola deve agir como gestora e canalizadora dessa quantidade ingente de informação, mas sem nunca esquecer as verdadeiras finalidades. No fim, a alma, o invisível, é o que nos define como educadores. Conviver na sala de aula, educar, implica uma responsabilidade enorme. Não coloquemos barreiras defensivas; elas são perceptíveis, os nossos alunos as percebem. Não apliquemos um método infalível; ainda não foi inventado. A razão, embora a esqueçamos frequentemente, é bem simples: os grupos são díspares, os alunos são diferentes. E não apenas entre eles. Um adolescente evoluiu entre abril e outubro. Está aprendendo, está observando o mundo, e espera de nós grandes doses de sentido comum, de honestidade, de humanidade, de exemplaridade.

> Educar requer energia, otimismo, organização, criatividade.
> Cuidado com as receitas mágicas, elas não existem.

Desse modo, o fundo e as formas constituem nosso guia fundamental em matéria educativa. De fato, formam o material que abarca todo o nosso trabalho. Professores e educadores deveriam estar mais atentos às emoções, aos fios invisíveis que costuram o tecido que possibilita vestir a pessoa – os nossos alunos – de qualidades, conceitos e ilusões indispensáveis para viver. O fundo nos reveste da autoridade moral, sustentada por nós mesmos, necessária para educar. O fundo que devemos cuidar contém muitos ingredientes: generosidade, entrega, compaixão, mas também equilíbrio, assertividade e responsabilidade. Deveríamos recordá-lo todos os dias. Nossa tarefa como educadores requer a persistência nesses princípios, porque não os ter em mãos em uma situação difícil nos levará a atitudes e conclusões equivocadas.

Os alunos percebem perfeitamente a vigência ou a ausência desse fundo. Sabem diferenciar perfeitamente as nossas ações e percebem o caráter formativo que lhes confere sentido. Uma gestão satisfatória do conflito parte de uma consideração elementar: deve ser proporcional à situação criada, à problemática que se nos apresenta. A ausência de proporcionalidade, em um ou outro sentido, provoca consequências derivadas que podem desvirtuar uma percepção justa e positiva da parte do aluno. O excesso de zelo ou o comodismo próprio do não querer ver (para não ter de agir) nos desvia do ajuste sensível necessário para que a nossa gestão do problema traga soluções e o conflito tenda a desaparecer. A vida é conflito, mas é necessário procurar enfrentá-lo fornecendo imaginação, humanidade e moderação. Há algo mágico em nossa experiência diária como docentes. É o fundo.

> De um pequeno conflito nasce uma vantagem, uma mudança perante o aluno para restabelecer o princípio da cooperação.

O sentido mais profundo da nossa tarefa pedagógica deveria consistir em abrir horizontes, impulsionar a liberdade e a responsabilidade autênticas e criar capacidades. Em um mundo complexo, educar na dignidade, respeito e solidariedade já se converteu em um tema urgente. Martha C. Nussbaum (2006) fala de criar capacidades e argumenta essa reorientação diante da grande crise invisível e persistente da educação compreendida com base em sua razão de ser, a transmissão de valores para viver com sentido:

> Estão acontecendo mudanças drásticas naquilo que as sociedades democráticas ensinam aos seus jovens, mas se trata de mudanças que ainda não foram submetidas a uma análise profunda. Sedentos de dinheiro, os estados nacionais e seus sistemas de educação estão descartando inadvertidamente certas atitudes que são necessárias para manter viva a democracia. Ao prolongar-se esta tendência, as nações de todo o mundo em breve produzirão gerações inteiras de máquinas

utilitárias, em lugar de bons cidadãos com capacidade de pensar por si mesmos, com um olhar crítico sobre as tradições e capazes de compreender a importância das conquistas e os sofrimentos dos outros.

Bertrand Russell, há um século, já questionava a educação tradicional e advogava por um aprendizado significativo, baseado na aventura mental e em uma pulsão interior que alimentasse sem cessar o desejo de saber. Russell se preocupava com a educação e ocupou-se também de atividades pedagógicas, instalando uma escola para crianças em Sussex, com a ajuda de sua segunda esposa. Como Nussbaum, o filósofo e matemático inglês, defendia a educação para a liberdade e o livre pensamento:

> A aceitação passiva da sabedoria dos mestres é fácil para a maioria dos meninos e das meninas. Não implica nenhum esforço de pensamento independente e parece racional porque o mestre sabe mais que seus discípulos; por outro lado, é o caminho para ganhar-se o favor do mestre, a menos que este seja um homem excepcional (…) Se o objeto fosse fazer que os discípulos pensassem, ao invés de fazer que aceitassem certas conclusões, a educação se conduziria de modo completamente diferente: haveria menos rapidez de instrução e mais discussão, mais ocasiões em que os discípulos se encontrariam animados a expressar-se por si mesmos (…) haveria um esforço em promover e estimular o amor à aventura mental.

Se passarmos por alto essas questões básicas, referentes à motivação, o assombro e o descobrimento, desperdiçaremos o talento de nossos alunos. Deveríamos fugir da obsessão dos resultados e ocupar-nos mais do íntimo prazer que se experimenta enquanto os elaboramos. É a melhor forma, de fato, de encorajá-los a conseguir e de garantir que sejam corretos. A satisfação é muito maior para alunos e docentes, e lhes deixa o sedimento de um interesse permanente pelo conhecimento e seu significado real.

Também no ensino superior está se promovendo, em muitos casos, o culto ao resultado em si, sem um valor agregado e assumido pessoalmente. Esse desvio é perigoso, porque pode nos conduzir ao esquecimento de questões mais básicas, como a forma como podemos promover relações saudáveis e o desenvolvimento de uma cultura humanista em relação ao diálogo interior e à comunidade.

> Se não nos orientamos para a motivação "interna",
> para o assombro e o descobrimento, privamos o aluno
> do motor emocional e se desperdiça o seu talento.

É um fato patente, sem dúvida, que essas tendências utilitaristas podem implicar apatia e déficit motivacional em muitos alunos. Precisamos entusiasmar-nos e emocionar-nos para viver. E também para aprender e para manter o desejo de fazê-lo. Os professores que querem dotar de significado sua tarefa diária enfrentam a evidência de que as causas de um fracasso acadêmico quase sempre são "ocultas", no sentido de que não se encontram, geralmente, no simples território da aquisição de conhecimentos.

De algum modo, a escola atual está se reorientando a formar cidadãos acríticos, centralizados na integração em um sistema econômico também acrítico, que tão somente considera o próprio umbigo e não seus próprios déficits de valores humanistas de progresso, nos quais tinha se baseado um indubitável avanço na extensão da liberdade e da justiça social.

Esse enfoque funcionalista tem um custo pessoal nos alunos, porque unifica excessivamente o tipo de habilidades e bloqueia a compreensão e a análise que se referem ao seu futuro pessoal, sacrificando capacidades que, embora pudessem não ser decisivas para a sua projeção profissional, ampliariam o seu horizonte no mundo sensível do social e artístico, completando, desse modo, a sua educação como pessoa receptiva a novas ideias e às suas próprias possibilidades criativas.

Essa reflexão se conecta com a difícil integração no sistema de alguns alunos. O enorme paradoxo é que, sob o guarda-chuva de datas, urgências e programas, oferecemos-lhes caminhos fechados, como se fossem clones, como se todos tivessem os mesmos desejos e qualidades. Mas cada aluno, como sabemos, é diferente. No caso de não adaptação aos estímulos de aprendizagem, quase sempre existe algo genuinamente humano no transfundo, às vezes difícil de detectar, que bloqueia ou impede o avanço acadêmico: problemas familiares, de autoestima, de integração em um ambiente acadêmico rígido etc. Quando nos confrontamos com situações desse tipo, podemos comprovar que se substituem valores humanos por valores utilitários.

Existe uma necessidade urgente e global de dotar a educação de matérias e programas que contemplem uma formação humanística e artística sólida. A excessiva tendência da orientação dos planos educativos para as ciências e a tecnologia implica um custo a médio e longo prazos. Podemos, sem dúvida, seguir nessa linha, mas o sentido permanente e substancial da educação deve ser holístico. Como afirmava John Dewey, a conquista chega a equivaler ao tipo de coisas que uma máquina bem planejada pode realizar melhor que um ser humano, e o efeito principal da educação – a construção de uma vida plena de significado – fica de lado.

A necessidade de uma educação integral, de uma sólida formação na mais ampla sabedoria, já está presente no pensamento clássico grego. Todos os mestres e professores devem recordar sempre a frase com a qual Aristóteles inicia a sua *Metafísica*: "Todos os homens por natureza desejam saber". O filósofo grego já pensava, muitos séculos antes que Nussbaum, na necessidade de uma aprendizagem de amplos horizontes, de incorporar a autêntica sabedoria. No *Protréptico*, nos oferece estas reflexões, plenamente atuais e urgentes, e novamente necessárias:

> Acontece com aqueles que não têm nenhuma valia que, quando alcançam alguma fortuna, consideram suas posses inclusive mais valiosas que os bens da alma, isso é o mais infame de tudo (...) a saciedade cria insolência e a incultura com poder, insensatez. De fato, para aqueles que têm as coisas da alma em mal estado, não são bens nem a riqueza, nem a fortaleza, nem a beleza, mas, quanto maior for o excesso em que possuem estas condições, tanto mais intensa e frequentemente transtornam seu proprietário, se não são acompanhadas de sabedoria.

Também Bertrand Russell refletiu sobre a necessidade de uma educação orientada à plenitude: "O conceito que eu sugeriria como propósito da educação é a de civilização, um termo que, como eu o compreendo, tem uma definição em parte individual e em parte social". Partimos da ideia de que nossos alunos, crianças e adolescentes, estão se incorporando à vida, e todos eles possuem diferentes atitudes, habilidades e ilusões. Mas parece que, na escola em geral, e em muitas famílias, essas diferentes capacidades queiram concentrar-se em umas poucas. E caímos em uma armadilha perigosa.

Comentemos o caso do hábito de leitura, algo tão básico e necessário no âmbito das competências. Ler, que nos proporciona prazer e saber ao mesmo tempo, adquire uma relevância de primeira ordem porque, em nossos ambientes cotidianos imediatistas e de resultados, nos transporta a outros mundos, nos faz refletir, nos conduz ao equilíbrio e ao pensamento crítico e nos abre as perspectivas de novas sensações, de novas ideias ou novas possibilidades, ou facilita o seu surgimento, a partir do seu esconderijo interior zelosa e inconscientemente fechado.

A leitura possibilita que nossos alunos sonhem, disponham de um amplo vocabulário, sejam capazes de expressar o que sentem e pensam de forma coerente. São, portanto, algo suspeito as sucessivas tentativas de suprimir a Filosofia dos planos de estudo, assim como a tendência de minimizar a presença das disciplinas humanísticas ou artísticas como a Música, a Literatura, a História ou a Arte, que são vitais para dar sentido à vida e para pensar de modo equilibrado, crítico e razoável. Se quisermos alunos preparados para um mundo em mudança, devem formar-se em uma mentalidade aberta, em valores democráticos sólidos e em qualidades humanas fundamentais.

> Quando educamos, estamos construindo o futuro,
> e todos desejamos que esse futuro se faça realidade
> incorporando valores humanistas abrangentes.

Essas questões, pertinentes em uma sociedade global, adquirem uma importância capital, porque se referem à cooperação e à amplitude de visões necessárias para assimilar a diversidade, compreender o momento histórico e dispor da capacidade intelectual e ética que é e será necessária.

Nossa sociedade pede resultados. Esse culto exclusivo ao resultado, acompanhado da visão do erro como fracasso, em vez de tratá-lo como uma oportunidade para melhorar, provoca situações que podem derivar em bloqueio de capacidades que não conseguem manifestar-se. Em algumas ocasiões, nossos alunos choram, lamentam-se, ou queixam-se de forma pouco razoável de um mal resultado acadêmico. O ato reflexo de dramatizar um resultado provém do caráter sagrado que se lhe outorga; e caímos, tanto professores como alunos, em um engano habitual que consiste em nos distrairmos da tarefa primordial, em nos aprofundarmos nas causas. O resultado sempre chega tarde, e não é satisfatório, se antes não foram cultivados a constância e o estudo e se não foi ativada a rede de sinergias e emoções que nos conduz a aprender. É preciso relativizar o número e centrar-nos nas questões de fundo, porque nelas reside a solução a médio prazo.

O encorajamento e a nossa disposição de contribuir na capacidade de superar obstáculos e fortalecer a resiliência são o melhor bálsamo. Sempre se deve impulsionar. Falo com uma antiga aluna que, radiante, expressa a satisfação de ter se graduado em Ciências da Educação. E comenta, emocionada, uma lembrança: "Sempre tive em mente os seus encorajamentos, quando repeti de ano no Ensino Médio; eu estava totalmente desolada, e o senhor insistia em que as pessoas podem mudar, evoluir, e que estava seguro de que eu conseguiria o que me propusesse. E aqui estou".

Para um professor, um educador, um momento como esse o compensa, grandemente, pelo tempo empregado e pela paciência que a educação requer. Compensa também ter vivido algumas sensações desagradáveis, algum erro de perspectiva que se tenha cometido em alguma ocasião. Nessa hora, quando um professor entende a importância de uma conversa ou de uma percepção, ele se dá conta da responsabilidade que lhe outorga o seu poder de influência. E, no caso de essa influência ter catapultado a autoestima, nesse momento, ele se sente a pessoa mais bem paga do mundo.

> Em nosso sistema educativo, o erro ou o fracasso são vividos de forma dramática, quando na verdade deveriam ser uma catapulta para a melhoria dos alunos.

Portanto, as formas são importantes. Há muitas maneiras de explicar algo que não fizeram com exatidão, e, às vezes, erramos com mensagens um tanto pessimistas. Os educadores têm de impulsionar positivamente. Mas as formas de se executar isso são uma consequência de nossos valores. Não apenas adquire importância o que dizemos, mas o tom com que dizemos. Se nos reconhecemos como seres sensíveis, deveríamos saber que nossos alunos também o são. Sua evolução acadêmica e sua motivação dependem também dos tons, porque determinam a percepção. E as percepções adquirem uma importância de primeira ordem na sala de aula; necessitamos critério, empatia e equilíbrio para geri-las bem, imersos como estamos, ademais, em processos de evolução pessoais mais acelerados e intensos que o nosso, mais baseados na experiência e na reflexão.

A interação entre pessoas é um fenômeno complexo, por duas razões bastante óbvias. Em primeiro lugar, a mente gera pensamentos e impulsos de forma contínua, acumulando novos estímulos e razões sem cessar. Mas também por causa da educação ultrapassada que nos condiciona, fomos educados, ou melhor, instruídos no aprendizado de disciplinas estanques, com fronteiras e preconceitos entre elas. Sabendo de tudo isso, o nosso esforço, a nossa aposta nesse sentido por uma comunicação compreensiva, de amplo olhar, tem de partir da nossa convicção mais íntima. Para expressá-lo de uma forma sintética: o papel docente deveria fundamentar-se em conseguir a permanência e o desenvolvimento da aventura do conhecimento, entendido como interrogação e curiosidade, mais do que em assegurar conteúdos, embora ambas as finalidades sejam compatíveis.

Entre o fundo e as formas da prática educativa existe uma conexão bem palpável. Do fundo, precisamos ser conscientes de que não é possível ensinar de modo eficaz sem educar, porque a educação global do aluno nos facilita bons resultados e representa para nós, como professores, uma dinâmica estimulante (Marrasé, 2013). O grau e a qualidade da comunicação com nossos alunos constituem parte das formas de que se deve cuidar. Nossa entrada na sala de aula deve ser decidida, natural, com comentários individuais: "Como foi o final de semana? Como estão?" ou um simples: "Bom dia, Ana!". Personalizando. Cada aluno é único.

E essa é uma percepção que repercute sobre a dinâmica da aula, multiplica as interações positivas e o estímulo interior. Todos os nossos alunos são importantes; temos que conhecê-los, animá-los. E, em todas essas intervenções, existem denominadores comuns: o otimismo, o entusiasmo, o estímulo de avançar.

Desde a sua publicação, emprestei a alguns alunos o livro *La fuerza del optimismo* [A força do otimismo], de Luis Rojas Marcos, uma obra que pode ajudar as pessoas que passam por momentos difíceis.

Se superar uma etapa desse tipo na vida adulta é complicado, para um adolescente é muito mais, porque ele é surpreendido, nessa etapa crucial, com as mudanças hormonais e psicológicas que acrescentam mais variáveis a um já difícil processo de superação dos problemas.

Os alunos em questão apresentavam diferentes tipos de sensações: perda de um familiar próximo, sensação de solidão, baixa autoestima... No entanto, o mais enriquecedor é comprovar como, ao conversar com esses alunos, eles abrem a mente para ir assimilando, pouco a pouco, que a felicidade e o equilíbrio pessoal são fruto de pequenas batalhas contra o isolamento, de breves frases de apoio, de pequenos detalhes e, naturalmente, de leituras interessantes.

> Nossa razão de ser como docentes leva-nos a cuidar das formas, a observar a relação de respeito com o aluno, o interesse real em seu progresso humano e acadêmico.

Porque os dois andam juntos, não podem dissociar-se, nem podemos ocupar-nos de um, deixando o outro de lado. Em cada grupo, em cada sala de aula, temos diante de nós a complexidade do mundo: aspirações, habilidades e maneiras diferentes de encarar a vida.

Quando entramos na sala de aula, temos de vivê-la, lidar com as diferentes sensibilidades que esperam – embora, às vezes, não se manifestem devido ao especial acanhamento da adolescência – apoio e orientação, empatia e estímulo. E, sobretudo, exemplo.

Nossa energia, nossa dedicação e nosso exemplo positivo são a força educativa mais avassaladora, a rede de transmissão entre o profundo significado de educar e as formas pelas quais impregnamos os nossos alunos desse significado.

Howard Gardner
O desenvolvimento e a educação da mente

Falando de valores, gostaria de sublinhar a perdurável importância dos valores concretamente: a assunção de responsabilidade e o respeito pela humanidade (...). No meu país e em outros lugares, muitas pessoas lamentam a alienação que uma parte da juventude experimenta: alienação do mundo da escola e, em alguns casos mais lamentáveis, alienação do mundo em geral. Não me considero em condições de discutir em profundidade esse fenômeno nacional, e talvez de alcance mundial; no entanto, atrevo-me a afirmar que devemos ajudar os estudantes em tarefas como estas: encontrar o sentido da vida cotidiana; sentir-se vinculados com outras pessoas e com a sua comunidade – com seu passado, seu presente e seu futuro; e responsabilizar-se pelas consequências das próprias ações. Devemos ajudá-los a alcançar o estado de fluidez, equilíbrio entre habilidades e confrontos ou desafios, que impulsiona os indivíduos a voltar, uma e outra vez, a perseguir seus objetivos.

O segundo valor se resume no apreço e respeito pelo que é genuinamente humano. O homem cometeu muitas ações terríveis, mas, em contrapartida, um número incontável de membros da nossa espécie realizou ações maravilhosas: obras de arte, composições musicais, descobrimentos científicos e tecnológicos, atos heroicos de valor e sacrifício (...). Neste momento de mudanças profundas, temos de lembrar o antigo valor da educação e preservá-lo: educar não significa simplesmente transmitir fatos, dados e informação, mas conhecimento, compreensão, juízo, sabedoria (...).

No passado podíamos contentar-nos com uma educação que, partindo da alfabetização, fazia uma revisão das principais disciplinas e instruía os alunos no que se referia a sua cultura nacional. Hoje temos de manter esses três centros de interesse, acrescentando, porém, outros dois: preparação para o trabalho interdisciplinar e preparação para a vida em uma civilização global.

CAPÍTULO 2
Educar em equipe

> A motivação tem muitos pais e mães.
> Deve ser o resultado
> de um afeto familiar assegurado
> e de uma habilidade ou competência
> própria do mestre
> de saber envolver a criança
> no processo da sua própria aprendizagem.
> Joan Manuel Del Pozo

O âmbito familiar é o principal protagonista e responsável pela nossa educação. O exemplo vivido em casa é o núcleo de assimilação dos valores de vida, e os hábitos e comportamentos dos pais marcam profundamente os filhos. Comprovamos dia a dia que a importância implícita que os pais conferem à escola é o fator determinante para facilitar o duplo êxito educativo e formativo. A escolha de situar primeiro o aspecto educativo e não o formativo não está isenta de consequências. Essa escolha se reflete na "cultura" – o sistema de valores – da equipe docente, em simbiose com a mesma linha dentro do âmbito familiar.

Priorizar o acompanhamento e o carinho, as atitudes e os valores, significa que estamos ajudando o jovem a dispor de estratégias pessoais e de um guia ético – questões que o definirão como pessoa e o dotarão da fortaleza e imaginação necessárias para desfrutar uma vida com sentido. A mistificação do resultado, o valor totêmico que lhe outorgamos, causa o efeito contrário, porque, incrível paradoxo, o esquecimento da atitude significa esforços estéreis na obtenção de bons resultados.

Existe uma complexa rede de relações entre família e escola. A educação, como já sabiam os gregos, é uma questão que nos concerne a todos e se manifesta tanto em uma refeição familiar quanto na sala de aula.

Trata-se, como todos sabemos, de fixar conceitos, de gerar estímulos interiores persistentes no tempo, estímulos amplos e úteis a longo prazo.

Mas a segunda aula da qual falaremos mais adiante, o ambiente social, sobrevoa as finalidades de fundo da educação e as contamina com a obsessão de resultados, que passam a ser o mais importante. Se a escola defende como objetivo principal (e assim deve fazê-lo) os valores do respeito, a idoneidade acadêmica, o esforço e as capacidades humanas que trazem valor acrescido a nossa felicidade e a dos outros, deveria ser acompanhada, nessa tarefa ingente, lenta e pertinaz, a começar pela casa, a começar pelas famílias.

Educar em valores meramente práticos pode conduzir à anulação do esforço, ao esquecimento de que qualquer meta deveria significar um caminho prévio de realização pessoal. Avaliar o resultado acima do treino em hábitos permanentes ou na melhoria do nível de atenção é um esforço estéril, se pretendemos uma idoneidade efetiva e duradoura nas diferentes áreas, embora pense que a habilidade à qual deveríamos aspirar, pais e docentes, não se refere a campos fechados de conhecimento, se é que são realmente fechados; trata-se de integrar diversos âmbitos e desenvolver habilidades e estratégias a partir de uma motivação intrínseca no aluno, porque assegura uma base permanente de crescimento e progresso. Um dos erros comuns na equipe educadora do adolescente consiste em valorizar o êxito em si, muito além do prazer do caminho intelectual para alcançá-lo. No caso de alunos com talento, pode restringi-los à tática dos dias de esforços pontuais, menosprezando suas possibilidades reais e provocando resultados suficientes, mas não ótimos. Se isso acontece, estamos assentando as bases do conformismo e de uma motivação fundada somente no prêmio.

Creio sinceramente que a imensa maioria das famílias expressa compreensão e gratidão, muito além dos resultados acadêmicos, por compartilhar esses valores que permanecem e esses critérios educativos, não apenas a formação e instrução. Nesse sentido, agradecerem-se mutuamente, escola e família, é um exercício obrigatório. Os professores veem recompensada a sua dedicação, e os pais também veem reconhecida a sua paciência com os filhos nessa etapa tão fantástica chamada adolescência, essa espécie de vírus benigno. O núcleo primordial é, sem dúvida, a família; é o ambiente no qual os nossos alunos abraçam valores sadios e dotam-se do equilíbrio emocional necessário.

> A nós, professores, o caminho é atenuado quando a família é favorável a uma educação integral e global, reconhecendo a escola como cooperadora imprescindível no crescimento pessoal.

O êxito compartilhado deve estar baseado sobre valores duradouros e aplicáveis durante a vida toda; este é o grande ativo da educação, apostar em potencializar o mais humano e holístico de cada um de nossos alunos, de cada um dos nossos filhos. Imersas em uma sociedade na qual a satisfação do desejo é urgente, as famílias têm sérias dificuldades com os seus filhos adolescentes. Em uma escola que eduque para a vida, trata-se de transmitir uma educação integral, que vai muito além dos conteúdos. Se entendemos a sala de aula como o âmbito no qual nossos filhos se formam culturalmente, haveria de delimitar o termo cultura. Podemos falar de uma *etnocultura*, no sentido de aprender a cultura global de um continente ou de um povo (cultura asiática, cultura esquimó...), ou também considerar a cultura como uma simples acumulação de dados e conhecimentos. Porém, em uma escola desejável, que se fundamenta sobre uma formação humanista de visão ampla e profunda, em uma escola para todos e para cada um, formam-se pessoas cultas no sentido mais generoso e extenso, na direção de assimilar uma convivência baseada na generosidade, no autoconhecimento pessoal e na projeção para o bem comum (Del Pozo, 2014).

A permanente polêmica sobre o tipo e o grau de autoridade situa-se no centro da dinâmica família-escola. Suponhamos que queiramos *o melhor* para nossos filhos. Queremos educá-los como seres autônomos, responsáveis, livres e felizes, conscientes de seus deveres e direitos. Nesse caso, nossa educação seguiria um estilo *responsável,* diferente dos estilos autoritário e permissivo que nos distanciam das capacidades que pretendemos ensinar-lhes. Os pais exigentes e sem afetuosidade enquadrar-se-iam em um estilo *autoritário,* e as consequências refletem-se em crianças reticentes à empatia social, carentes de iniciativa, espontaneidade e curiosidade. Os pais *permissivos,* no outro extremo, são pouco exigentes e muito afetuosos com seus filhos, que tendem a ser imaturos, pouco conscientes da responsabilidade por seus atos e pouco preparados para agir com independência. Existe um estilo educativo mais extremo, o *negligente.* Atribui-se aos pais que não controlam seus filhos, esperam pouco deles e não lhes demonstram carinho. Nesse caso, os filhos têm dificuldades em respeitar as normas e costumam ser emocionalmente instáveis (Marina, 2009).

Os pais responsáveis são exigentes e afetuosos. Esse perfil que une carinho e educação é o ideal, e se enquadra no clássico esquema da pirâmide das necessidades de Maslow. Nós, seres humanos, necessitamos de afeto e de acompanhamento sensível para podermos, depois, nos autorrealizar com autonomia e escalarmos o cume da nossa pirâmide pessoal. Os pais responsáveis são conscientes de que possuem mais experiência, mas não deixam de respeitar seu filho. Procuram ser razoáveis e exercem um controle efetivo e argumentado, enfocado na responsabilidade comum e na convivência, bem como animam a criança a desenvolver sua personalidade de modo responsável.

As equipes docentes das escolas convivem com tipos bem diferentes de educação familiar, com infinitas nuanças, detalhes e exceções, motivo pelo qual o conflito pontual é inevitável. Mas, nesses casos, é necessário falar, equilibrar e fixar como objetivo comum a educação em valores e atitudes que possam facilitar o progresso positivo do aluno.

Logicamente, as famílias preocupadas com uma formação humana sólida sentem a pressão incômoda do entorno social, pouco propenso à anulação do desejo, à busca de metas pessoais fundadas em hábitos construtivos que sirvam para sempre e para tudo, e não para alcançar um resultado simplesmente. Os entornos familiar e educativo não devem claudicar naquilo que se refere aos fins realmente práticos da educação, que são os que orientam o aluno a uma motivação interna para o desenvolvimento máximo de suas capacidades e a uma consideração dos demais fundamentada no respeito e na ajuda.

Construir carrinhos pode ser uma prática interessante em aulas de Tecnologia. A princípio, procuramos um resultado. Mas, se o professor é hábil em construir sinergias de trabalho em grupo, terá conseguido muito mais do que potencializar habilidades pessoais. Seu grande mérito consiste em que cada aluno identifique seus pontos fortes e fracos, em que aprenda a melhor forma de se comunicar com os outros, em treinar sua assertividade e sua capacidade de escutar. Construir um carro ou um robô vai muito além de consegui-lo. Sua maior utilidade, a mais significativa, não é a construção em si (Gerver, 2010).

Os professores e as famílias de seus alunos deveriam formar uma equipe compacta quanto aos valores e critérios educativos, mas sabemos que em alguns casos essa não é uma tarefa fácil. Sempre pensei que, quando se produz um desajuste nessa colaboração, deveríamos rever o papel do outro e compreender, com base na empatia, as dificuldades ou carências que se escondem, invisivelmente, por trás da diferença de opiniões. Teríamos de partir do princípio de que escola e família devem enfocar a sua ação no aluno e em seu progresso. Às vezes, as disfunções dessa ação se devem a certos preconceitos ou comodismos. Todos deveríamos aprender e focar nosso interesse na motivação intrínseca do aluno. Não contar com a colaboração dos pais torna nossos esforços estéreis, e muitas famílias são gratas pela ajuda e orientação.

Em sentido inverso, a escola também deve estar atenta, evitando preconceitos e enfrentando as discrepâncias com espírito construtivo, reorientando o possível problema como melhoria. Nesse sentido, é bem importante que a escola desenvolva toda a sua atividade em coerência com normas de convivência claras, pensadas para a educação holística do aluno. Se no dia a dia se demonstra essa coerência, o trabalho em equipe com as famílias se realiza sem rupturas importantes.

> Escola e família devem mirar a sua ação no aluno e em seu progresso. Às vezes, aparecem certos preconceitos ou comodismos, pequenos conflitos, mas deveríamos aprender com eles e focar o nosso interesse na motivação intrínseca do aluno.

As críticas mútuas, frutos muitas vezes de não se considerar a educação como uma questão de valores, não conduzem a nada, porque escola e família sofrem um desgaste estéril e o estudante arca com as consequências. Quando essas críticas mútuas são excessivas, a experiência nos diz que o progresso é prejudicado, porque as crianças, como os adolescentes, necessitam da coerência, da afirmação de valores e da empatia social necessária para que a sua frequência à escola seja estimulante.

Participo de uma reunião com o tutor de um grupo e a família de um aluno. Em dado momento, é necessário focar no problema. Não se trata dos resultados negativos das provas, da falta de apresentação de projetos...; o importante é unir os nossos esforços para conseguir uma mudança de orientação. Os dados e detalhes são, e assim devem ser vistos, a consequência lógica de problemas de fundo. Pensemos nas razões ocultas e nas estratégias a seguir. Aumentar a comunicação com a família sempre ajuda, e, se remarmos juntos, corrige-se o rumo e a evolução vai se tornando patente semana após semana.

Para enfrentar a complexidade da tarefa educativa, a equipe escola--família deve estar baseada em sinergias positivas e na cumplicidade, enviando mensagens de ajuda e de assunção das próprias responsabilidades ao filho ou aluno. A confiança mútua e a cumplicidade nas estratégias, para que o melhor do aluno emerja, são vitais.

Essa confiança e essa cumplicidade impulsionam a sua própria segurança e o estado de ânimo necessário para o progresso humano e acadêmico. Atrás do fracasso escolar existem sempre os fatores que o causaram, e um deles costuma ser a ausência de trabalho em equipe entre família e escola, que conduz à desorientação do aluno e, no pior dos casos, a impressão de que ele, o principal protagonista, é o grande marginalizado, enquanto observa que os adultos se preocupam mais com o ego ou com a comodidade do que em animá-lo, em motivá-lo, ou proporcionar-lhe apoios compartilhados para impulsionar sua melhoria constante.

Um dos fatores de ajuda para que entre os âmbitos familiar e escolar vá se formando uma simbiose construtiva é, simplesmente, falar da atividade, dos conteúdos, das metodologias, dos centros de interesse. Nem sequer é necessário entrar a fundo: trata-se apenas de que nossos alunos percebam que cuidamos da sua educação, que percebam que aprender e saber são profundamente interessantes.

Também recebem a mensagem de cumplicidade entre o que acontece na sala de aula e sua vida pessoal. Uma mensagem de cumplicidade baseada em valores e compromissos, que facilitam uma atitude proativa para o conhecimento. Compartilhar o que foi visto na aula de Ciências Sociais, em uma prática de laboratório ou no debate gerado na aula de Filosofia, prolonga e sedimenta o aprendizado, dotando-o de um sentido global e inacabado. Em casa, conversar sobre a escola constitui uma ajuda inestimável para as equipes docentes, para acrescentar valor a suas propostas e ações. É ideal trabalhar em equipe.

José Antonio Marina
A recuperação da autoridade

As crianças que conseguem o que querem através de birra aprendem na adolescência outras formas mais sutis de pressionar emocionalmente os pais, uma delas é declarar-se em greve, não fazer absolutamente nada até conseguir o que querem: aprendem a não aceitar um "não" como resposta e fazem o que for necessário para conseguir seus caprichos. Uma das tarefas mais urgentes para recuperar a sensatez educativa é tirar o medo dos pais. Repetir-lhes constantemente que têm duas grandes ferramentas educativas: a ternura e a exigência. A ternura é a acolhida sem reservas. A exigência é a firmeza nas expectativas. Ambas as ferramentas são necessárias. Sem ternura, a criança cresce em um ambiente duro que pode provocar todo tipo de medos e rigidez; sem exigência, a criança não aprende a dirigir a sua conduta adequadamente, não sabe o que se espera dela, até onde pode chegar. Terry Brazelton, um dos pediatras mais prestigiosos dos Estados Unidos, insiste continuamente nisso. "Após a ternura, a disciplina é a coisa mais necessária. Disciplina significa ensino, não castigo. O objetivo para a criança é conhecer seus limites. Cada ocasião de disciplina é uma ocasião de aprendizado." A responsabilidade surge da combinação construtiva entre liberdade e dever.

É responsável, em um primeiro sentido, a pessoa que sabe responder a três perguntas: O que você está fazendo? Por que está fazendo? Quais consequências acredita que vai ter o que você faz?

Essa é a responsabilidade psicológica. No sentido moral, é responsável aquele que cumpre seus deveres. Quando afirmamos que alguém é um médico responsável, queremos dizer que ele sabe o que faz e cumpre com o seu dever. As duas coisas. O mesmo acontece com um pai responsável ou um filho responsável.

CAPÍTULO 3

A segunda aula

> Toda a vida é educação,
> todo o mundo é mestre
> e todo o mundo é aluno.
> Abraham H. Maslow

Embora pareça uma miragem, a sala de aula que nós docentes habitamos não é real, embora seja um pequeno espaço físico. Mas existe um grande espaço intangível em que nossos alunos aprendem e nós, docentes, seguimos aprendendo. É composto por incontáveis e fugidias *segundas aulas*.

Quando entramos, decididos e otimistas, na "primeira aula" (assim deveria ser sempre) nos deparamos com realidades humanas poliédricas, que receberam influências que traspassam os muros da escola. Muito além deles, nossos alunos submergem em valores que não sabemos definir bem.

Estão nos vendendo um estilo de vida que, em muitos aspectos, contradiz o ideal da educação. O aluno submerge na sociedade do hiperconsumo, de valores voláteis que se distanciam da concepção da educação integral da pessoa. No entanto, ao fato de ser voláteis ou não atender a nossos desejos mais profundos, soma-se um aspecto inquietante. Trata-se de valores insaciáveis. Nunca temos o suficiente, nunca alcançamos a felicidade. No dia seguinte aparece uma nova meta: um novo desejo, um novo aparelho celular, uma nova moda. E essas sequências se produzem rapidamente, não deixam apenas espaço para a satisfação.

Essa segunda aula condiciona os nossos processos e estratégias docentes, e devemos considerá-la. Podemos dedicar-nos somente a instruir, a capacitar, e nos esquecermos do sentir, imaginar ou analisar. Porém o preço a pagar será bem alto: estaremos gerando pessoas infelizes, porque saciar-se de valores instrumentais ou de bens colide com a nossa sensibilidade humana e nos bloqueia a pensarmos de um modo generoso e aberto.

Essa não é uma questão mágica na educação. Além do mais, constitui uma armadilha, uma espécie de onda que sempre retorna ao ponto de origem da falta de motivação e rendimento: se os nossos alunos não imaginam e não analisam, dificilmente podem aprofundar-se em qualquer conhecimento. E se o fazem, é por causas extrínsecas: "Se você não passar na prova, não ganhará o celular"; "Se você não alcançar a média, vai ficar sem videogame"... Tudo é troca: algo tão nobre e profundo como é educar-se-educar em troca de um objeto.

> A ausência de motivação intrínseca, de estímulo criador, submerge o aluno em uma dinâmica triste e banal, ao compreender a sabedoria como uma obrigação e não como um desafio apaixonante.

O debate entre o cúmulo de influências sobre o âmbito educativo e as bases e valores que deveriam sustentá-lo não é novo. O filósofo canadense Marshall McLuhan já descrevia, em 1960, a pressão externa sobre a escola:

Hoje, em nossas cidades, a maior parte do ensino acontece fora da escola. A quantidade de informação comunicada pelo jornalismo, as revistas, os filmes, a televisão e o rádio excedem em grande medida a quantidade de informação comunicada pela instrução e os textos na escola. Esse desafio destruiu o monopólio do livro como ajuda ao ensino e derrubou os próprios muros das salas de aulas de modo tão repentino que estamos confusos, desconcertados (Carpenter e McLuhan, 1968).

A visão de McLuhan poderia ser a dos nossos dias, se não fosse pelo fato de que a quantidade de informação é exponencialmente superior, e a capacidade da nossa sociedade de orientar as emoções para a satisfação imediata e o consumo supérfluo teria sido inimaginável sob a perspectiva de princípios dos anos 1960. Sendo assim, a tarefa mais urgente de todo educador é buscar recuperar as necessidades de autorrealização do ser humano, tão sublimadas em forma de anseio simplesmente material.

Como educadores, percebemos essas influências dia após dia. Estão nos condicionando, indiretamente, para a vertigem. Ninguém duvida de que é preciso renovar-se constantemente, mas o essencial da escola, o mais mágico e positivo, é conseguir, da mão da excelência acadêmica, a excelência humana.

> Os grandes problemas sociais e políticos que se propõem na atualidade e os que podem apresentar-se a curto e médio prazos não têm a ver com a instrução; no fundo, são problemas éticos.

Trata-se de falta de empatia e de solidariedade, da ausência de alternativas inovadoras que atendam realmente a necessidade de dignidade que tem o ser humano. Necessita-se, necessitamos em âmbito global, de cidadãos abertos e razoáveis, tolerantes e assertivos ao mesmo tempo, que queiram melhorar individualmente e oferecer um valor agregado à sociedade.

Se percebermos o amplo desenvolvimento das expectativas e habilidades de nossos alunos, é imprescindível facilitar o pensamento crítico, que nos capacita para reconsiderar a realidade, repropor e reorientar nossa vida – reinventar-nos –, bem como nos proporciona critério próprio e uma sadia resistência a aderir-nos a qualquer demagogia, a comportamentos pouco respeitosos e democráticos ou ao primeiro charlatão que apareça, pessoal ou digitalmente, em nosso caminho.

Não promover o próprio pensamento, não dotar nossos alunos de estratégias nesse sentido, conduzem a uma educação que pouco tem a ver com a busca da verdade, a beleza e a bondade. Embora muitos possam ver todas essas considerações como teóricas demais, as suas consequências na prática se tornam palpáveis e contribuem com a falta de respeito.

A escola sempre se contamina com os usos e costumes sociais. Se estes se fundamentam na aparência, no hedonismo, no consumo e na banalidade de mensagens com faltas de contraste e de verificação, esses pseudovalores penetram nas salas de aulas, embora seja um peso para nós que pensamos na educação como um aprendizado atitudinal e holístico. Richard Sennett (2003) enfatiza a importância de ver o outro, de ser sensível à sua presença, de reconhecê-lo como igual:

> A falta de respeito, embora menos agressiva do que um insulto direto, pode adotar uma forma igualmente dolorosa. Com a falta de respeito não se ofende outra pessoa, porém tampouco se lhe concede reconhecimento; simplesmente não se vê como um ser humano integral cuja

presença importa. Quando a sociedade trata deste modo as massas e somente destaca um pequeno número de indivíduos como objeto de reconhecimento, a consequência é a falta de respeito, como se não tivesse suficiente quantidade desta preciosa substância para todos. Da mesma forma que a fome, esta falta é uma obra humana; à diferença do alimento, o respeito não custa nada. Então, por que haveria de faltar?

Todos conhecemos exemplos desse déficit. Faz aproximadamente um ano, um diretor de recursos humanos comentava que tivera de demitir um colaborador, selecionado e contratado pela empresa há poucos meses. Argumentava que, em nível de conhecimentos, era uma pessoa praticamente insuperável, mas o ambiente interno ficara estranho com a sua presença, e resumiu com essa expressão que está na moda: tratava-se de uma pessoa "tóxica", e a equipe começou a evidenciar uns problemas internos de colaboração que acabaram sendo insustentáveis. Existem muitos exemplos.

Durante um café da manhã em um congresso, um professor aposentado de Harvard, desolado, confessou a um colega que algo não funcionava bem naquela universidade, ao se inteirar de que alguns responsáveis pela crise financeira nos Estados Unidos tinham sido alunos seus. Uma formação meramente instrutiva, baseada na indiferença ética, contribui para que o respeito, a consideração dos outros como iguais, se converta em um apreciado e escasso bem.

A necessidade de uma educação holística não está em conflito com o rigor acadêmico. Esse rigor e a educação integral em valores se assentam sobre o respeito.

> De certa forma, uma aula funciona como uma equipe de futebol: quando se ganha, todos ganham, pois eram uma equipe, viram-se como iguais entre todos, colaboraram, "interaprenderam" uns dos outros, respeitaram-se.

Atingir essas dinâmicas não é simples, e depende de nossa habilidade como educadores, e também da cumplicidade da família e do entorno. Desse modo, o campo sempre inacabado da excelência acadêmica deverá ser uma possibilidade de progresso para todo o grupo, e necessitamos de todos os detalhes, de todos os ânimos e de toda a energia para que o progresso da classe seja o progresso de cada um dos alunos. Nesse caso, os professores também progridem em muitos sentidos, crescem como docentes e valorizam seu esforço como útil e positivo.

É perfeitamente possível ancorar valores humanos sólidos em companhia de um bom nível formativo. Muitas vezes nos preocupamos em fazer com que os alunos com mais dificuldades simplesmente sejam aprovados em determinada disciplina, mas isso deve ser feito sem esquecer a excelência. O aluno necessita de desafios. O ser humano aspira à superação, e nossos adolescentes estão nessa idade em que o mundo e a vida se abrem como um céu infinito, e teríamos de aperfeiçoar as possibilidades dessa abertura.

Nossa tarefa acrescida, o mérito do docente, reside em cobrir as duas vertentes contribuindo com o otimismo, impulsionando vontades, criando capacidades e aumentando uma saudável autoestima. Mas a segunda aula, todos aqueles fatores que constituem a educação além do recinto escolar, é tão extensa, tão forte, que existem casos em que o docente pode encontrar-se absolutamente impotente e condicionado. Quando isso acontece, nossa imaginação e nossa paixão têm de ativar-se: não há nada que possa superar a empatia e o estímulo de progresso.

CAPÍTULO 4
Equilibrar a balança

> Não é a quantidade de relações
> o que dá sentido à vida,
> mas a qualidade dos vínculos,
> a afabilidade do tratamento
> que somos capazes de oferecer.
> Francesc Torralba

A busca de um equilíbrio razoável deveria ser uma constante quando lidamos com temas humanamente complexos. As posturas maximalistas perante um problema são cômodas, mas geralmente implicam não enfrentar as questões na sua justa dimensão. Os efeitos não desejados da irrupção da tecnologia digital na escola se manifestam todos os dias em nossas aulas, e comportam também uma preocupação cada vez maior das famílias. Nossos alunos vivem conectados. Embora o fato da conectividade, com um critério de seleção adequado, não representasse um problema em si mesmo, as consequências derivadas do uso persistente e indiscriminado desse novo totem do nosso tempo são muitas e diferentes, e se manifestam de forma negativa e em âmbito pessoal em muitos alunos, mas também no coletivo escolar e no âmbito familiar. Diante dessa nova fonte de conflito, as escolas e os pais estão desorientados, imersos na tarefa titânica de encontrar um ponto de equilíbrio.

O perigo da utilização indiscriminada do aparelho celular constata-se em muitas vertentes, mas podemos destacar algumas; a primeira, no custo de felicidade e roubo do tempo que implica, uma vez que muitos adolescentes são absorvidos pelo uso de diferentes aplicativos e, portanto, como o tempo que dispomos é sempre o mesmo, dedicam-se a uma atividade passiva, de forma nada crítica, e diminuem – ou inclusive anulam – as atividades ao ar livre, o esporte ou as horas de estudo.

Às vezes comento com meus alunos que temos uma vida e é fantástico vivê-la: amar, viver, ajudar, aproveitar uma paisagem, um bom concerto de música ou o bálsamo de um bom livro são experiências que sempre pertenceram ao nosso mundo emocional mais íntimo e sentido. E renunciar a sentir parece um preço demasiado alto. Creio que todos os docentes já foram testemunhas de algum ataque de ansiedade ou lágrimas de desespero da parte de algum aluno, quando lhe pedimos o seu aparelho celular; é nesses momentos que comprovamos realmente, com pena, o grau de escravidão que se suporta. Às vezes, precisa-se de muito tempo para acalmar: "Olha, é simplesmente um aparelho, um emaranhado de circuitos, é fantástico que se liberte durante umas horas, viva essa liberdade!". No entanto, podemos compreender essas reações.

> Um adolescente é uma pessoa imatura, em constante formação; e, em alguns casos, incapaz de quebrar as correntes de falsas liberdades. Nosso exemplo e nosso discurso podem ajudá-lo.

A segunda consequência que deriva da dependência digital consiste nos valores que existem por trás e em sua permanente difusão. Os adolescentes passaram a ser clientes potenciais, não pessoas que necessitam de um olhar amplo, de abertura de horizontes, do ensino de uma liberdade e de uma responsabilidade autênticas, do valor da autonomia do pensamento. São objeto de consumo e se submetem a uma pressão sem limites para adquirir novos aplicativos, para receber anúncios de todo tipo e influências nada educativas, baseadas na satisfação imediata do desejo, que nada tem a ver com a reflexão, com a necessidade do esforço e da análise. Daniel Pennac (2008) resume essas influências:

A Grande Mãe marketing encarrega-se de vestir adultos e crianças. Veste, alimenta, dá de beber, calça (...) provê o aluno de eletrônica... Distrai, informa, conecta, proporciona uma permanente transfusão musical e dispersa pelos quatro pontos cardeais do universo consumível; é ela que o faz adormecer, ela é que o desperta e, quando se senta na sala de aula, vibra no fundo de seu bolso para tranquilizá-lo.

Em certa medida, essa Grande Mãe representa uma sedutora libertação. Os pseudovalores "líquidos" são gratuitos, não requerem esforço nem elaboração própria. As consequências sociais podem ser – e de fato o são – desastrosas. De alguma forma, um dos fatores que influenciam a falta de civismo de alguns adolescentes, no esquecimento de normas fundamentais de convivência, é a expansão dos valores "líquidos" da comodidade e do desleixo. Trata-se de uma tendência pouco edificante, que pode trasladar-se à vida adulta, quando todas aquelas normas deixadas de lado passam a ser importantes e quando o vazio de uma educação em valores sólidos pode encher-se de fracasso e decepção.

Nos conflitos relacionados com o assédio escolar, manifesta-se a terceira sequela desse uso indiscriminado das novas tecnologias. É muito mais fácil humilhar e ridicularizar na rede. Se todos os nossos alunos tivessem a autoestima elevada, os conflitos seriam menores, porque eles seriam mais impermeáveis a essas intromissões inaceitáveis. Com base na segurança em si mesmos, responderiam com a indiferença, que é o que mais dissuade quem assedia, porque o fim que perseguia não é alcançado. Mas a adolescência é uma etapa coberta de falsas vergonhas e de autoestimas em formação, e, por vezes, a assertividade necessária para enfrentar essas questões é baixa.

Esse tipo de assédio é mais fugidio e difícil de detectar, porque é quase invisível e opaco. Encontrar as evidências é mais complicado, e a essa dificuldade pode-se acrescentar o silêncio cúmplice de outros companheiros e o medo de quem está sendo assediado. Finge-se que não se vê. Age-se com indiferença, como se não fosse conosco. Em poucas palavras, consentem-se ataques à intimidade e à dignidade de pessoas sensíveis. Diante dessas evidências, podemos ainda duvidar da importância de educar em profundidade, de forma holística?

As possibilidades que a rede oferece para o acossador são evidentes, e as consequências se perdem na complexidade e em uma teia de aranha de aplicativos em que as mensagens ofensivas e humilhantes têm um efeito aumentado e avassalador, porque as ofensas podem ser vistas por muitos usuários. Trata-se de uma humilhação multiplicadora e exposta a todos, da sensação avassaladora, da parte da vítima, de se ver desprovida de sua dignidade e de toda capacidade de defesa. Embora as leis de proteção da própria imagem procurem suavizar essas práticas, o melhor antídoto para neutralizá-las é uma educação de ampla gama, baseada no respeito para com os outros. Diante do supérfluo, pensamento crítico. Perante o abuso, a dignidade pessoal. Diante dessa questão, famílias e escolas deveriam ser uma só voz, porque está em jogo a qualidade dos vínculos pessoais em um futuro próximo.

A exigência de autenticidade nos projetos, relatórios ou comentários de textos ou leituras pode se ver minada também pelas oportunidades de fraude ou cópia que os conteúdos na rede oferecem. A idoneidade acadêmica se vê afetada. Os professores estão procurando que esse princípio básico se mantenha e se potencialize. É necessário oferecer contravalores, contrapropostas, ao mesmo tempo em que se aplicam programas e mecanismos de controle para supervisionar o princípio de autenticidade. Costumo comentar com os alunos que copiar pode ser cômodo e "prático", mas não é interessante. Plagiar afoga a curiosidade, o prazer da busca, a satisfação nada orgulhosa de ter conseguido expressar o conhecimento a partir de si mesmo, de suas próprias possibilidades, de um espírito de melhoria e superação. O seguimento que fazemos da atividade é crucial, e nos permite ver o progresso, detectar atitudes e esforços, ajudá-los a expressar-se, a criar, a pensar com sentido.

Analisamos os efeitos nocivos das práticas erradas no uso das tecnologias da comunicação, que tanta impotência provoca em algumas famílias, e parece comprovado que essa questão somente se pode enfocar no equilíbrio. É impossível negar as possibilidades que as ferramentas digitais oferecem, mas os perigos são patentes e já se tornam evidentes nos hospitais que atendem adolescentes com dependência tecnológica. Segundo os especialistas, os sinais de alerta para educadores consistem em problemas de relação e, como consequência, a solidão. "Vive-se" na rede porque não se vive praticamente com ninguém.

Parece evidente que viver permanentemente conectado seja uma imagem do outro lado do espelho, a imagem invertida de um adolescente separado da família e do mundo. É necessário estarmos atentos quando se manifestam sintomas nesse sentido: abandono das tarefas escolares, dificuldade nas relações com a família, ou um distanciamento progressivo da família, dos amigos e do conjunto da sociedade.

Essa derivação da angústia causada pela sensação de tédio e pelo isolamento vai se manifestando progressivamente, e observar qualquer sinal nesse sentido e agir sobre ele pode ser importante.

> A dependência tecnológica encobre patologias de fundo, que se manifestam obsessivamente pelo uso abusivo do âmbito digital.

Nesse abandono do mais genuinamente humano, nessa "fuga para a frente", a pressão de nossa sociedade líquida de consumidores cumpre o seu papel, e é estranha e suspeita a ausência de campanhas de sensibilização para mostrar os danos do uso abusivo do âmbito digital. A partir dessa realidade, parece evidente que nas famílias e nas escolas resida a última responsabilidade. Uma educação entusiasta, com professores e pais trabalhando em equipe, potencializadora da autonomia pessoal, da generosidade, da solidariedade e do pensamento crítico, é o melhor antídoto contra uma existência meramente virtual. Sobre esse problema, cada vez mais presente, qualquer posição fundamentalista deve enfrentar-se com contra-argumentos razoáveis, porém, é verdade que existe uma permissividade excessiva em relação ao mau uso. E aqui educadores e pais devem caminhar juntos.

Como acontece em muitos outros aspectos, o fato de esses hábitos parecerem normais não significa que não nos devamos perguntar em que medida dificultam uma comunicação sadia e autêntica entre as pessoas, ou em que medida, sem percebermos, nos roubam um precioso tempo que poderíamos dedicar a atividades genuinamente humanas, realmente mais conectadas com nosso entorno social e natural.

A suplantação de uma identidade autêntica, fundamentada na própria reflexão sobre todas as possibilidades que oferece o entorno social e na gestão consciente de nossos próprios sentimentos, acompanha o uso indiscriminado dos dispositivos digitais. Tudo isso deriva, às vezes de forma pouco consciente, na construção de uma identidade pré-fabricada. A similitude ou a assimilação com imagens, tendências ou marcas contribuem para criar uma identidade baseada em um eu predestinado a associar-se com padrões externos. O efeito que os pesquisadores observam é que se constroem personalidades narcisistas que favorecem um egocentrismo crescente nos jovens, ancorado em modelos de triunfo fácil, de obsessão pela aparência e o glamour, nos quais não se percebe preocupação por questões que transcendam satisfações imediatas e voláteis. Como consequência, não é de estranhar que essas personalidades fictícias não contemplem o respeito para com os outros e para consigo mesmo (Davis e Gardner, 2014).

Durante a adolescência, abrir-se às redes pode parecer mágico, mas rapidamente se descobrem as contraindicações, porque o fato de ferir colegas volta-se contra todos os que estão inseridos na rede – contra o autor das mensagens humilhantes, porque vai afundando-o cada vez mais em uma relatividade moral que pode chegar a ser letal para os objetivos de suas chacotas ou dos seus atentados à privacidade, e contra a vítima, que é aquela que sofre, a que não compreende o que está acontecendo, a que, em um mundo aparentemente conectado, fica subitamente marginalizada.

Em muitos casos, esse tipo de comportamento somente pode ser freado lembrando as suas consequências penais, o qual demonstra o grau de desconexão com uma visão ética do mundo, com a importância de ver o outro como um igual, como alguém merecedor do mesmo respeito que devemos a nós mesmos.

Nesse âmbito, o papel da família e da escola, como educadoras em sentido holístico, é decisivo. Como explica Howard Gardner (2011),

> não tem sentido repreender os jovens por essas fraquezas. É responsabilidade dos adultos (ou dos contemporâneos mais responsáveis) exemplificar e promover condutas éticas, e esse exemplo somente é possível se os adultos ou coetâneos dominam os meios digitais e se convertem em modelos dignos de imitação.

É evidente que conversar sobre a utilização respeitosa da rede é o melhor antídoto. Também é o que requer mais atenção, mais detalhe e mais tempo. É muito mais fácil demonizar, sem mais, todo o âmbito digital, esquecendo a sua utilidade, ou ainda o *laissez faire*, olhar para o outro lado, com a ingênua confiança no poder coercitivo das medidas legais que "podem cair sobre você". Dotar nossos filhos ou alunos de competência ética pode parecer algo teórico, porém acaba sendo o mais prático, porque é uma competência generalista, aplicável para além do nosso mundo estritamente digital. Já comentamos a probidade acadêmica como um exemplo disso. Copiar um texto ou um trabalho realizado por outra pessoa é uma flagrante falta de respeito, independentemente se isso foi realizado através de uma simples fotocópia ou por meio do "copiar e colar".

O empobrecimento da expressão oral e escrita também é derivado do uso abusivo da rede. As dificuldades de expressão e de comunicação se ressentem da pobreza de vocabulário e dos conteúdos banais, se não sórdidos ou ofensivos, da rede digital. Se a maioria das mensagens é enviada de forma rápida, sem pausa para a reflexão, é bem difícil assimilar a quantidade de nuanças, sensações ou estímulos que um bom livro nos pode trazer, e captar todos esses aspectos, a essência dos mundos paralelos que o escritor nos convida a compartilhar, é difícil: a mente adaptou-se à pobreza da linguagem. Esse empobrecimento emocional se produz lenta e sistematicamente, quase não se percebe. No entanto, torna-se notório quando se enfrenta qualquer comentário de texto ou qualquer avaliação de um romance ou de uma poesia, por mais breve que seja.

A incapacidade para avaliar em profundidade um texto e para escrever sobre ele não é a única consequência que, em alguns casos, enquanto docentes percebemos. A exigência de rapidez, a escassez de tempo para pensar, é outro dos efeitos camuflados e quase invisíveis do costume de expressar-se de forma extremamente simples. Alguns alunos têm pressa em muitos aspectos, as respostas têm de ser bem rápidas, sem que haja lugar para se aprofundar nelas ou enriquecê-las com novas perguntas ou questões.

Esse efeito, que é necessário minimizar dia a dia na sala de aula, constitui um problema transversal, uma vez que afeta a avaliação da reflexão e a capacidade de pensar em profundidade e de forma crítica.

A escola constitui um estado intermediário entre a família e o entorno social, e deve reivindicar uma educação de qualidade, baseada em conteúdos amplos que liguem o nosso eu, o eu de nosso aluno e o eu social. E é bom e saudável que exerça esse papel, que ensine a pensar, analisar e transmitir valores de âmbito humanista e geral. E, por incrível que pareça, esses valores são apreciados pelos alunos, porque, acima do nosso frio perfil de usuários, sempre se destacam os sentimentos mais nobres e aquelas perguntas geniais que já são respostas em si mesmas.

Na China, um engenheiro casou-se com uma mulher-robô desenhada por ele. Não é preciso comentar muito a quantidade de carícias e sensações das quais os dois abrem mão, não somente "ela". Parece uma piada macabra, mas aconteceu, é real. Não há melhor espelho do que o interior, o de conhecer a si mesmo e, assim, alcançar a capacidade de nos conhecermos uns aos outros e de estabelecer relações de afeto, amizade e amor com outros seres humanos. As expressões faciais, a explosão do sorriso, um olhar apaixonado ou uma conversa inesquecível admitem pouca substituição, assim como a abundância de meios tecnológicos é menos importante do que a capacidade de comunicar e emocionar de um bom professor.

Não quero nem pensar em um "professor-robô": ele jamais poderia abarcar as infinitas nuanças que se apresentam em um adolescente, explodiriam os seus circuitos.

> Paradoxalmente, acreditarmo-nos acima de tudo pode levar-nos à nossa autolimitação como pessoas.

A natureza, nossa mais sensível e genuína natureza humana, sempre pede passagem e se submerge em um estado de tensão quando encontra barreiras que afetam a sua mais viva expressão. Podemos limitar nossa sensibilidade, nossa conversa, nosso olhar, nosso sentir. No entanto, é necessário perguntar-se a que preço. Preocupa-me pensar em um futuro em que o mais autêntico do ser humano vá se desvanecendo. Penso que a médio prazo muitas pessoas clamarão por um retorno ao natural. Esperemos que esse clamor, essa espécie de novo Renascimento, aconteça a tempo.

No âmbito educativo, a necessidade de potencializar a reflexão sobre uma base humanista é urgente. Deveríamos equilibrar a balança; é inquietante vislumbrar uma sociedade com um déficit importante de liberdade autêntica, de responsabilidade e de generosidade.

Antonio Damasio e Rob Riemen
A universidade da vida

Um fenômeno que se produz, sobretudo no cérebro em fase de desenvolvimento dos adolescentes, é a possibilidade interessante, mas também alarmante, de ter acesso a uma forma de comunicação muito rápida, que não é cara a cara, mas que pretende sê-lo. É alarmante, porque, então, falta às pessoas a tradicional base de relação interpessoal, que consiste no que acontece quando se está diante de outra pessoa. Hoje em dia temos a possibilidade de fazer "amizade" com alguém por mensagem eletrônica, porque aquela pessoa envia *emoticons* com uma carinha sorridente, embora não tenhamos nem ideia se tal pessoa realmente está sorrindo, se é "real" ou se está se fazendo passar por alguém diferente.

O mecanismo de controle fundamental das relações humanas – olhar um rosto amável que oferece um sorriso – desaparecerá se tomarmos esse caminho. Quando você oferece um sorriso a outra pessoa, também provoca nela um sorriso, ainda que ela tente disfarçar. A simpatia que se mostra através do rosto ou do corpo encontra eco e entra no cérebro do outro, fazendo com que essa pessoa se comporte de determinada forma. Essa reação física não existe no mundo digital. A comunicação digital está desconectada da realidade. Pode haver um elemento de realidade, porém, não temos forma alguma de verificá-lo. Desse modo, perde-se um aspecto importante da nossa humanidade.

PARTE II
Os verbos da sala de aula

CAPÍTULO 5

Inspirar

> Aquele que não sabe que não sabe,
> é um tolo; afasta-te dele.
> Aquele que sabe que não sabe,
> é simples; instrua-o.
> Aquele que não sabe que sabe,
> está dormindo; acorde-o.
> Aquele que sabe que sabe,
> é sábio; siga-o.
> Provérbio árabe

A experiência educativa é de uma enorme complexidade e exige dos professores e de todos os educadores um alto grau de sensibilidade e assertividade. No dia a dia somos confrontados com os desafios da motivação, da qualidade e solidez dos conteúdos e da gestão de conflitos de todo tipo. A estrutura burocrática de nossa profissão atua às vezes como uma névoa que não nos deixa ver os objetivos mais nobres e mais persistentes no tempo. Esses objetivos vão além de uma boa formação acadêmica, mas sem ela não são possíveis. Os sedimentos que deixa em nossos alunos o rio caudaloso dos anos da escola, as metas mais sublimes desses anos, são a formação de uma personalidade saudável e equilibrada e o prazer em si de aprender, a curiosidade mantida.

A inovação em si, sem nada mais agregado a ela, é um valor sem sentido. Pode-se inovar para pior. A mudança é necessária e motivadora, porque mobiliza nossa imaginação e nosso aperfeiçoamento pessoal, mas existe um substrato de valores em que devemos basear-nos para alcançar os objetivos finais.

Existem alguns verbos indispensáveis para educar bem, para conseguir que a capacidade de nos fazermos perguntas e de viver cuidando de nosso equilíbrio e da felicidade seja atemporal e se mantenha iluminada, como uma vela permanentemente acesa. Observar, escutar, comunicar... verbos mágicos. Há outros muitos, e são nosso motor vital para dar sentido à vida em sala de aula.

> Quando educamos, os detalhes são importantes, e somos capazes de atendê-los quando de forma interior *conjugamos verbos básicos em todos os tempos* e seus complementos: "me cuido de", "ajuda a", "ajudaremos para", "me ajudaram com", "terei cuidado em"...

São expressões que nos mantêm na intensa experiência que nós, educadores, vivemos. Como o tempo escorre das nossas mãos, algum dia ou em algum momento podemos nos esquecer dos detalhes realmente importantes na educação. Se pensarmos um pouco, após uma decisão errada ou precipitada, descobrimos que se esconde um déficit de sensibilidade e um esquecimento desses verbos imprescindíveis.

A complexidade da profissão docente requer grandes doses de sensibilidade, assertividade e autoestima. A tarefa – nossa tarefa –, é complicada e transcende o tempo, prolonga-se muito além daquele curso ou daquela matéria. Não há apenas uma transferência de conhecimentos, porque somos conscientes de que são necessárias algumas atitudes básicas e algumas vontades que os impulsionem. Cuidado com as receitas mágicas.

O único "princípio" geral possível é comunicar paixão, viver a aula, transmitir energia, gerar desafios, impulsionar vontades. Albert Camus recebeu o prêmio Nobel de Literatura em 1957. O escritor francês reconheceu ao senhor Germain, seu professor em Argel, o mérito de ter despertado sua curiosidade e seu talento. Essa é a ambiciosa e humana finalidade da educação: inspirar, impulsionar, entusiasmar.

Albert Camus teve de recordar que, naquela humilde escola, aquele professor conseguiu fazer brotar nele, para sempre, uma insaciável curiosidade:

> Paris, 19 de novembro de 1957
>
> Caro senhor Germain:
>
> Esperei que o barulho destes dias diminuísse um pouco antes de lhe falar de todo o coração.
>
> Recebi uma honra muito grande, que não busquei nem pedi. Mas, quando soube da notícia, pensei primeiro em minha mãe e, depois, no senhor. Sem o

senhor, sem a mão afetuosa que estendeu ao menino pobre que eu era, sem os seus ensinamentos, nada disso teria acontecido. Não que eu dê muita importância a uma honra desse tipo.

No entanto, oferece pelo menos a oportunidade de dizer-lhe o que o senhor foi e continua sendo para mim, e de lhe corroborar que seus esforços, seu trabalho e a generosidade que o senhor colocou neles continuam sempre vivos em um de seus pequenos alunos, que, apesar dos anos, não deixou de ser um aluno agradecido.

Um abraço com todas as minhas forças,

Albert Camus

A mensagem de Albert Camus é a síntese do verdadeiro sentido da educação: *o sentido de inspiração*. As possibilidades de desenvolvimento pessoal e o prazer do conhecimento são tesouros contidos no baú pessoal e único de cada aluno, do qual nós, os professores, deveríamos ter a chave. Não podemos preocupar-nos apenas em cumprir programas. Não se pode assimilar vital e significativamente um programa, se não existe um ambiente favorável para o aprendizado. Favorecer a inspiração de cada aluno é uma finalidade em si mesma, é um dos núcleos de uma educação sensível e de qualidade. Os professores têm de ser sensíveis às percepções e sensibilidades.

Quando lamentamos a falta de desempenho de nossos alunos, deveríamos perguntar-nos, sempre, se estamos na trilha certa para inspirá-los. A forma de transmitir conhecimento é tão importante quanto o conhecimento em si. Se nos preocuparmos com a forma de transmiti-lo, de inspirar, potencializamos no aluno uma motivação que vem de dentro, que favorece o desenvolvimento pessoal e a criatividade; caso contrário, nos limitamos apenas a motivar de forma extrínseca: êxito ou fracasso, passar de ano ou reprovar...

Os verbos da sala de aula são os verbos do professor. Nosso papel se desenvolve de forma muito mais eficiente se os sentimos. Em grande medida, contribuem também com o nosso equilíbrio interno e, por derivação, com a naturalidade e energia necessárias para que as capacidades de nossos alunos naveguem em todo tipo de águas. Todos nós, docentes, enfrentamos, diariamente, as inclemências do tempo emocional. Quando o mar está agitado, temos de trazer calma e, talvez, quando existe uma calma excessiva, convém mover a água para que as ondas nos proporcionem novas surpresas. Equilibrar. Um conceito vital. Manter o anseio de navegar entre conhecimento e sabedoria, que são conceitos diferentes, mas relacionados. Cuidar para que o espanto sempre brote novamente. Assombrar. Mimar a sensibilidade para o artístico. Sentir.

Muitos pensamos que o autêntico sentido da educação se fundamenta em comunicar inspiração e energia aos alunos. Esse sentido autêntico é atemporal.

> As conquistas de uma educação de qualidade não são algo efêmero; consistem em valores, inclusive sensações, que resistem à passagem do tempo. O professor aproxima-se mais do artesão do que do trabalhador da era industrial.

Quando um torno com barro úmido gira, as mãos dão forma a um objeto que pretendemos que seja perfeito, e é o nosso cuidado em dar essa forma que consegue a proximidade com o vaso que tínhamos idealizado. Em cada giro, podemos notar algo para observar e cuidar, algo para polir; o trabalho transforma-se, então, em experiência vivida e em emoção positiva, como a vivida pelo ceramista que obtém belas formas com o barro, dando-lhe forma, decorando-o, convertendo-o em matéria que contém sentimento.

Vamos extrair a essência de alguns verbos fundamentais para educar de modo artesanal, com sentido. Senti-los como próprios vai nos dotar da assertividade e da fortaleza interna que se requer de um bom mestre. E de felicidade. E de paixão. Ingredientes básicos para desenhar um bom cardápio educativo, com sabores compartilhados com os nossos alunos, cujo avanço contínuo constitui sempre o nosso objetivo principal. Conseguir essa melhoria permanente do aluno representa não só esforço, mas também um longo percurso e, no entanto, nos sentimos felizes e satisfeitos de termos caminhado. Depois de conversar com um aluno sobre o seu comportamento, uma professora, sorrindo ironicamente, comentou: *a alegria de educar*. Tinha lido meu livro. Rimos. Claro que experimentamos a alegria de educar. Mas ela não é gratuita; o esforço e a dedicação são absolutamente necessários. Muitos professores passam por alguns momentos de tensão, mas devemos enfocá-los com base na assertividade, na reflexão e no equilíbrio.

Optei pela palavra *inspirar* como primeiro verbo educativo. Penso que resume perfeitamente o acervo de motivações e sentimentos que o professor deve comunicar na sala aula. Agir desse modo com cada aluno, procurando em todo momento que faça perguntas, que contemple o erro como mais um aspecto do aprendizado (e não como um carimbo negativo), que se torne o ator principal, proporciona-nos a naturalidade com que devemos transmitir o desejo permanente de aprender.

De forma latente, estamos transmitindo ao aluno o que Bertrand Russell denominava *sentido de reverência*, o sentido educativo mais profundo e mais útil, porque proporciona aos nossos alunos a capacidade constante para melhorar de forma contínua e o desejo de fazê-lo.

Segundo Russell, "a reverência requer imaginação e fervor vital; requer mais imaginação em comparação com aqueles que têm menos consecução ou menos poder atuais (...). O mestre sem reverência (...) menospreza facilmente a criança por aquelas inferioridades externas".

CAPÍTULO 6

Observar

> Coloquemos em nossos olhos
> e em nosso olhar umas gotas de afeto
> e de ternura, de atitude positiva
> e de gosto pela vida, de criatividade,
> de gratidão, de humanidade.
> Sebastià Serrano

Quando educamos, temos de observar. Não temos diante de nós um grupo, mas meninos e meninas, adolescentes carregados de ilusões, de problemas, de esperanças e de perguntas. Diante de nós, em escala reduzida, está a complexidade do mundo. Em cada um de nossos alunos há um potencial e anseios que deveríamos reconhecer.

No entanto, observar é um verbo de amplo significado. Existe um observar para fora e também um olhar para dentro. Deve ser um exercício esgotador procurar doar-nos generosamente, mas sem saber como, porque não nos conhecemos: se algo falha em nosso espelho interior, nosso trabalho como docentes pode ser um tanto estéril. Portanto, temos de identificar nosso eu para poder comunicar-nos de modo eficiente e empático na sala de aula.

Observarmos a nós mesmos é necessário.

> Quando educamos, a nossa capacidade de observar é determinante para que tudo funcione, mas também é necessária a exigente atitude do autoconhecimento.

É evidente que a profissão de docente requer paciência, equilíbrio, ética e uma boa dose de autoestima, e também a capacidade de tomar as decisões mais justas possíveis, isto é, a capacidade de exercer a autoridade de forma implícita, como valor e não como uma política artificial, destinada apenas a impor a nossa lei. Portanto, os métodos de seleção do professorado deveriam basear-se na consideração de um tema fundamental: procurar determinar se o futuro docente se identifica com essas características básicas.

Na sala de aula, o dia a dia nos reserva surpresas de todo tipo, diante das quais devemos mostrar sempre uma atitude de envolvimento, baseada em bons níveis de autoestima e no peso ético e consequente das nossas decisões. No entanto, parece que esses aspectos, imprescindíveis, não são suficientemente considerados na hora de decidir quais candidatos ingressarão na profissão (Luri, 2008).

Existem algumas chaves simples para gerirmos melhor a nossa mente e, portanto, para que possamos ficar livres dos nós que asfixiam a nossa imaginação e perturbam a nossa personalidade. Temos de ser conscientes dos nossos próprios condicionamentos, daquilo que tomamos por garantido, que nos limita, porém, de modo inconsciente. Esses princípios, que consideramos válidos, mas provavelmente nunca contrastados perante uma realidade, podem manipular nosso conhecimento, nosso pensamento e nossas decisões ou ações.

Todos nós, docentes, já vivemos a experiência de alunos "quase impossíveis". Se tivemos êxito, se conseguimos oferecer estímulos positivos para conseguir uma evolução positiva desse aluno "difícil", normalmente foi por causa da identificação desses pressupostos que nos ligavam a apenas um tipo de solução. Uma vez detectada a causa, é preciso agir em consequência, e podemos articular valores alternativos nos quais nos inspirar.

De alguma forma, reestruturando e reinventando nosso próprio eu, colaboramos em abrir horizontes para os nossos alunos. A partir dessas experiências, nosso trabalho na sala de aula pode crescer, e nós com ele (Skolimowski, 2016).

As sensações, gestos e olhares que acompanham nosso código linguístico, muito mais elaborado, dizem muito de nós. Transmitem, sem um meio aparente, de pessoa a pessoa, de aluno a professor, e nos dois sentidos, uma quantidade enorme de informação sobre o nosso estado de ânimo ou nossas emoções. O milagre é possível graças aos nossos neurônios *wi-fi* ou neurônios *espelho*, que têm a capacidade de captar sensações externas a nós que podem não ser observáveis diretamente. Esses neurônios recebem dados sensíveis e nos permitem reagir de forma rápida e adaptada ao que percebemos em nosso interlocutor, no nosso caso, o aluno. "O fato de experimentar as intenções dos demais – e sua motivação – nos proporciona uma informação socialmente valiosa para conjecturar, como camaleões sociais, o que pode acontecer a seguir" (Goleman, 2006). Através desses neurônios podemos interiorizar e sentir o resultado prático de observar, que consiste em assimilar algo que, sendo intangível, é mais útil para o docente: detectar os anseios, ilusões, talentos ou problemas presentes na sala de aula.

Nossas interações *wi-fi* são vitais para estabelecer códigos de colaboração, e constituem-se em diversos sistemas: alguns deles são especializados na imitação, outros na interpretação de emoções...

> Quando captamos aspirações e anseios, angústia ou entusiasmo, estamos traçando uma linha que une e convida à cooperação.
> E o aluno percebe que traçamos essa linha. E caminha sobre ela.

Muitas incompreensões, resistências e esforços estéreis baseiam-se na ausência dessa ponte de colaboração. Nossos neurônios interpretativos de sentimentos e inquietudes realizam seu trabalho de modo eficaz, mas temos de estar dispostos a utilizá-los, a manter o nosso radar em pleno funcionamento, com um plano de fundo acrescentado de ética e generosidade. Os adolescentes captam muito bem que investimos um esforço eficaz em traduzir suas sensações. Toda atividade em sala de aula se enriquece com essas sinergias. O grupo torna-se ativo e coopera se cada aluno se sente importante, se todos e cada um estão conectados com o nosso trabalho de docentes.

Supõe-se, pois, que esses neurônios realizam seu trabalho. A partir disso, entramos no campo da interpretação. Como interpretamos os sinais recebidos? Aqui intervêm, de forma decisiva, a vontade e a intuição. O primeiro passo é *querer interpretar*, e nossa vontade como professores tem de ser colocada em prática, com os nossos neurônios espelho em pleno rendimento. Nossa capacidade comunicativa será colocada à prova, porque detectamos um desânimo, um problema, e devemos ativar os recursos da empatia e do otimismo, essa caixa de ferramentas invisível que serve para arraigar atitudes positivas, desbloquear obstruções ou conseguir que entre luz em alguma janela emperrada, que não se podia abrir. Portanto, intervém nossa intuição, essa potente bússola, rápida e veloz, com a qual nos orientamos diariamente. Isto é, a sequência observar, captar, querer agir e intuir deve funcionar com senso comum. Às vezes podemos errar: certamente teremos agido, em virtude de um método que consideramos infalível, sem ter observado o grupo, suas interações e suas individualidades, e, como o método somente é útil em função da situação, sua aplicação acaba não sendo enriquecedora para os alunos nem para nós. O mais provável é que muitos deles não assumirão as indicações ou instruções, porque não as perceberão como úteis, e o que é pior, não as considerarão justas. Portanto, após observar, o mais aconselhável é ponderar, equilibrar e procurar considerar as diferentes sensibilidades que temos na sala de aula. Cada detalhe e cada reflexão derivada dele têm a sua importância.

Na educação, as medidas meramente reativas e tomadas com base no impulso e na generalização podem nos levar ao desânimo e à sensação de fracasso como docentes. É mais eficaz convencer do que vencer, e podemos verificar dia a dia que nessa dinâmica de conversar, debater e chegar a um acordo temos de potencializar as nossas habilidades comunicativas ao máximo.

Voltemos ao periscópio que nos permite ver a superfície, o que realmente acontece quando um de nossos alunos não se sente integrado ou motivado. Para conseguir essas qualidades de vigia, é imprescindível a nossa amplitude de visão. Nesse ponto, a controvérsia é servida.

Não podemos sacralizar os programas porque, ao outorgar-lhes um papel exclusivo, o retorno ao espírito mais genuíno do fato educativo nos interpela: que sentido tem o nosso trabalho na sala de aula? Parece evidente que pode estar relacionado com o sentido de transmitir conhecimento, mas de uma forma meramente instrumental. Educar não significa apenas gerir e planificar programas, obter estatísticas e decidir qualificações. Educar é um dos objetivos mais nobres da sociedade, sempre e desde que conserve a sua razão de ser: *ensinar a viver, a sentir, a pensar e a criar.*

Observar significa também analisar as contradições de fundo que persistem na educação ultrapassada – compartilho em boa parte a visão jurássica de José Antonio Marina – e brigar com elas e superá-las para poder avançar. Temos um programa. Bom. Perfeito. Que sorte, oferecem-nos um guia. Mas o problema central não é o *que*. É o *como*. Diante do desafio de conseguir que se apaixonem pela matemática, esse índice de conteúdos do programa constitui uma informação menor. Necessária, mas não essencial; reside fora do núcleo do que me preocupa. É simplesmente um manual de instruções. Pergunto-me como poderei conseguir que percam o medo dessa floresta de símbolos, relações e teoremas. Se proponho a matemática como acabei de descrever, fracassarei, porque todos sabemos que aprender e emocionar-se, saber e sentir, andam de mãos dadas. Terei de apresentá-la como um desafio apaixonante.

Trata-se de perguntarmos. De perguntar, de duvidar, de questionar. Pensa o sentimento, sente o pensamento, dizia Miguel de Unamuno, e, ao lembrar suas palavras, penso que não sei por qual razão oculta, às vezes, obstinamo-nos em privar de alma a nossa disciplina.

> Não captar as pequenas reações e detalhes, não observar atentamente, têm consequências que afetam a convivência na sala de aula.

Desde o pequeno conflito até o assédio escolar há um caminho, e, por esse caminho seguimos lentamente, se não captarmos os importantes sinais iniciais. Não detectar detalhes ou gestos permite, de forma implícita, que algum aluno ou aluna sofra pressões ou humilhações – no pior dos casos, agressões – que em muitas ocasiões acontecem de modo sutil. E se não observarmos a sutileza, aquela pequena expressão de zombaria, a humilhação vai se tornando persistente e não mais dissimulada.

Sempre comentei com os meus alunos que para mim é difícil compreender a diversão à custa do sofrimento alheio. De fato, quando se questiona o aluno que assedia, quase nunca se obtém resposta. Nosso sentido coletivo de espécie, quando se enfrenta a irracionalidade do sofrimento gratuito, não nos permite argumentar sobre esse sofrimento, e se põe em evidência, sempre, que o que o causa também sofre ou também sofreu esse tipo de coisa. Percebo que Ana sorri maliciosamente, quando Laura erra. Falo com Ana, indago, questiono, argumento. "Não pode voltar a acontecer, você não pode menosprezar ninguém. Situe-se no cenário contrário. Ninguém é mais do que ninguém." Em nossa sociedade aberta, o respeito e a cooperação terão de prevalecer sobre o egoísmo e o abuso; do contrário, o futuro não parece bom. A empatia, a generosidade e a ajuda constituem a melhor vacina contra qualquer tentativa de subjugar e humilhar os outros.

A observação do detalhe também nos serve como princípio impulsionador de nossa melhoria contínua como docentes. Os olhares de indiferença ou de interesse, o ritmo de atividade e as conexões emocionais contêm uma informação enorme sobre o grau de colaboração, de envolvimento, que conseguimos na sala de aula. Não podemos ser conformistas. Se a aula simplesmente "funciona", não é algo, em si mesmo, significativo. Nossa pergunta constante deveria ser se podemos gerar mais interesse, melhor atitude, mais sinergias, maior nível de conhecimentos. Nunca compartilhei da opinião de que alcançar um bom nível e gerar desânimos se impliquem mutuamente. O ser humano tende, por natureza, a saber. Tinha razão Aristóteles. O professor deve otimizar esse esforço, e, ao tornar as coisas demasiado fáceis, estamos encorajando ao tédio e à mediocridade. O aluno, no fundo, deseja desafios, mas não basta: os desafios devem apresentar-se de modo atrativo. Nessa constante ascensão para captar mais conteúdos e fazê-lo de forma mais eficiente, intervém a nossa capacidade de questionar no dia a dia o nosso trabalho, de adaptá-lo de forma inclusiva.

Se observamos, diferenciamos. A boa definição de estratégias de seguimento individual para avaliar o crescimento de cada um de nossos alunos requer práticas diferenciadas na sala de aula. Existem diferentes vias para consegui-las. Com base em interações constantes, enquanto todo o grupo progride em atividades, exercícios ou oficinas, até a utilização de arquivos de evidências como prova do progresso alcançado. Essas estratégias que buscam o progresso comum – e o de cada um – conseguem que o professor se liberte de tensões, permitindo-lhe assumir de uma forma mais natural o papel anímico de "indutor intelectual" e dotando o aluno de critério e responsabilidade. Também favorecem a cooperação, porque, nesse modelo aberto, as ajudas, os apoios e os intercâmbios de ideias assumem um papel importante. Comunicar a sensação integradora do cuidado individual de todos inclui também uma mensagem clara e favorece dinâmicas de inclusão, percepções que animam a seguir: sou importante, meus colegas são importantes, nosso grupo avança. Essas sensações que abalam sensibilidades são a ponta de lança desse progresso.

CAPÍTULO 7
Escutar

> As pessoas nunca ouvem
> o que os rios explicam,
> o que explicam as florestas,
> os animais, as árvores, o céu,
> os rochedos das montanhas, os outros homens.
> No entanto, é preciso um tempo para dizer,
> e um tempo para escutar.
> Philippe Claudel

Bonito verbo. *Escutar nos alimenta, nos ensina e nos tranquiliza.* Para o aluno, ser escutado representa ser reconhecido; existo, estou aqui. E, para o professor, escutar representa uma das razões de ser da sua profissão. Temos de escutar para agir, para compartilhar esse grande potencial de aprendizado presente no ser humano. Também para modificar estratégias, para compreender o estado de inação de Pedro ou de Marta, para compreender um olhar melancólico ou uma mente ausente.

Escutar significa conhecer e entender, e está intimamente ligado ao nosso verbo anterior: observar. Os dois andam de mãos dadas. Manter o nosso radar em posição receptiva significa percebermos os detalhes, as reações e os comentários que nos permitam depois falar e, sobretudo, escutar.

Os adolescentes se encontram na encruzilhada. No início dessa etapa de transição ao ser adulto, vislumbram um futuro de responsabilidades: estão iniciando-se no ritual da liberdade e já os educamos na responsabilidade, para que possam exercitar a sua liberdade de mãos dadas com a liberdade de todos.

É possível que alguns, quando "olham o infinito" na sala de aula, estejam pensando na perda da infância, esse primeiro estado de inocência, de despertar, de sonhar, esse estado do qual todos, ao longo dos anos, pretendemos preservar algo. Mas estão na sala de aula, muitas vezes um espaço impróprio para sonhar. E a educação, que representa para eles horários e obrigações, deveria ver-se como desenvolvimento pessoal e ampliação de possibilidades.

Esse choque absoluto que se produz entre a sensibilidade pessoal e o princípio de realidade, esse enfrentamento interno entre o sonho infantil e o despertar à vida adulta, constitui para nossos alunos um conflito central, um conflito que temos de canalizar em casa e na sala de aula.

Quando iniciam o caminho particular pela adolescência, muitos deles pensam sobre esse chamado, enchem-se de sensações de algo novo, sem chegar a conhecê-lo, e vislumbram também, na figura da família e de seus professores, que aquele mundo de brincadeiras ficará para trás.

Por isso é tão necessário escutar, deixar claro, fazer notar que os acompanhamos nessa evolução nada fácil e profundamente contraditória: todos nós, enquanto vivíamos esses anos, tivemos de enfrentar esses conflitos e, à distância do tempo, recordamo-los como uma época feliz, em que aprendemos a viver e a sentir. Estão lendo na sala de aula. Uma garota olha para o chão da sala, como se não fosse chão, como se se abrisse nele um túnel de profundidade infinita. Abano as mãos diante dela. Acorda e sorri. Comento: "Onde você estava?". Seguramente sonhando... Não sei se tenho o direito de interromper pensamentos profundos. Talvez tenham aparecido graças à leitura, esse outro modo de escutar.

> Escutar não significa conceder nem tolerar
> além do razoavelmente permissível.

Isso acaba sendo desaconselhável, pois se acharmos que tudo ou quase tudo que nossos alunos vão nos propor faz sentido, alguns professores acabarão frustrados diante do incômodo de ter de dizer "não" de forma argumentada a pedidos que não têm um sentido formativo ou não condizem com os valores básicos que os educadores são obrigados a preservar. Nesse sentido, a assertividade do professor se torna necessária, porque centra o escutar na fluidez das relações com os alunos, não na concessão de caprichos pedagogicamente desaconselháveis. Entro na sala de aula disposto a fazer uma prova escrita, cuja data tinha sido combinada duas semanas antes. Escuto pedidos de adiamento. Claro que poderíamos remarcar, comento, porém, creio que seria injusto com aqueles colegas que seguiram a sua consciência e se prepararam. Além disso, desrespeitar um compromisso, uma data, não é nada educativo. Compreendem. Outro passo dado no sentido de escutar de forma assertiva.

O exemplo anterior poderia ter se desenvolvido de outro modo. O mais cômodo seria acatar o pedido e adiar a prova. Dizer sim continuamente é cômodo, porém, pagamos um preço bem alto: fomentamos a desídia e o comodismo como valores, e favorecemos a repetição de situações similares. Portanto, a nossa assertividade se põe constantemente à prova. Existe um roteiro alternativo: realizamos a prova porque assim tinha sido combinado. Ponto. Não dar explicações, não argumentar, é efetivo nesse momento, mas o preço que pagamos é o de uma percepção de autoritarismo que, além disso, talvez não corresponda à realidade. A conclusão é evidente; não podemos esquecer o sentido educativo de nossas decisões, e é conveniente fazê-lo com base na comunicação aberta e sincera com nossos alunos.

Essa tendência cada vez mais presente, de conceder tudo, dizer sim como resposta constante, para evitar "problemas" e não "perder tempo", provoca, justamente, o que se pretende evitar. Criam-se sérios problemas e perde-se muito tempo em resolvê-los a médio e longo prazo. Se na família já se manifesta essa dinâmica de proteção sem medida, de concessão permanente de esquisitices, na escola isso também se projeta, já que o adolescente, ao vivê-lo em sua casa, assume o "pedir e automaticamente receber", sem pudor nem vergonha, alheio a todo tipo de normas, inclusive se essas possuem um caráter coletivo e equitativo orientado à convivência e à responsabilidade.

Portanto, temos de conjugar o verbo escutar em um sentido amplo e holístico. O sentido de escutar na educação está sujeito a dois princípios básicos: o respeito com os nossos alunos e a devida transmissão de valores que sirvam como norte para orientar-se na vida e para desenvolver as próprias qualidades em sociedade, em diálogo respeitoso com a liberdade e a autonomia pessoal dos outros.

O diálogo é uma ferramenta educativa bem potente, muito mais eficaz do que discursos, instruções ou decretos. Escutar forma parte do dialogar, e constitui a chave para que o diálogo produza frutos. Escutar não se manifesta apenas no nosso ouvir, mas também no nosso olhar, no nosso sorriso, na nossa afabilidade.

> Escutar e dialogar com os nossos alunos, com afeto e respeito
> mútuos, com base na assertividade, é uma das manifestações
> que mais determinam a nossa tarefa educativa.

Em sentido positivo, escutar na sala de aula significa fazê-lo com base na nossa própria assertividade, a partir do equilíbrio "eu + você = nós" que nos conduz às dinâmicas de saudáveis cumplicidades nas salas de aulas. Esse equilíbrio comunicativo em nosso trabalho docente somente pode ser gerado com base em nosso próprio autoconhecimento, em nossa autoafirmação em harmonia com os demais, potencializando a assertividade de nossos alunos. Cuidado com outros estilos perversos, baseados no dar-nos aos outros esquecendo nosso próprio eu, o estilo passivo ou *você-você,* ou, ao contrário, não escutar o outro, encalhados na narcisista onda do *eu-eu.* No primeiro caso, a generosidade se perverte, porque nossos alunos não percebem a mensagem educativa, mas apenas vantagens e certa desídia da nossa parte, embora a tenham instigado. No segundo, se produz um rompimento, às vezes contínuo, da necessária cooperação na sala de aula, uma cooperação que nos leva à perda de detalhes importantes de nossos alunos, ao desconhecimento de suas realidades emocionais.

No contato diário com nossos alunos, os estilos extremos são fonte constante de conflito. Na convivência diária na sala de aula o estilo eu + você, baseado na nossa própria assertividade e no respeito aos outros, é o que nos proporciona as chaves para uma formação humana holística, fundamentada na impregnação de valores, através de sinergias otimistas e positivas (Bach e Forés, 2012).

A necessidade de escutar se torna patente a cada dia, em cada aula, para cada professor, para cada aluno, no seio da família. Mas sempre devemos fazê-lo com base em uma assertividade positiva.

> Evidentemente devem ser estabelecidos limites, mas
> argumentados e tendo por base o reflexo do nosso exemplo.

Não se pode raciocinar com base na incoerência. Não podemos pedir compromisso, se não nos comprometemos; não podemos defender a amabilidade, se não a praticamos. Trata-se, definitivamente, de um escutar fundamentado no mandato kantiano: aja sempre de modo que essa sua forma de agir possa constituir-se em lei universal. Nossa forma de agir tem de nascer da nossa própria assertividade e do estímulo da assertividade de nossos alunos. Há algumas semanas, os pais de um aluno adolescente compartilhavam comigo a preocupação pelo desenvolvimento do filho, que poderia ser melhorado. Perguntavam, exatamente, sobre os limites.

Para nós, professores, é problemático e nada aconselhável invadir a autonomia dos pais, e quando se trata de impor limites em um adolescente o tema complica-se ainda mais. É melhor que optemos pelo equilíbrio. É preciso dizer não, às vezes ou muitas vezes. Porém, sempre com carinho, argumentação e com base em nosso acompanhamento constante. Os adolescentes necessitam de normas básicas que lhes ensinem a viver e conviver em liberdade e com responsabilidade, que lhes ajudem a compreender que a minha liberdade termina onde começa a liberdade de meus pais ou do meu colega de classe.

O magistério dos adultos – pais e professores – é necessário; impor limites, também. Mas sempre com carinho, afeto e qualidade dos vínculos com o mundo adulto.

CAPÍTULO 8
Sentir

> Todo o nosso conhecimento
> começa pelos sentidos,
> passa ao entendimento e termina na razão.
> Immanuel Kant

Nem todo conhecimento surge de processos lógicos. A arte e a literatura se nutrem de sentimentos e emoções e expressam o que há de mais genuíno e elevado na natureza humana. A arte provoca em nós assombro e admiração, e nossa capacidade de sentir a companhia sensível das mensagens escondidas naquela obra deriva, às vezes, em outras sensações, vividas em outros momentos ou que intuímos que poderíamos chegar a viver. Mediante aquele quadro, o pintor se faz presente em forma de seus sentimentos, suas obsessões ou sua interpretação do mundo. Assombramo-nos. Como aquela criança que vi há uns anos no Museu Nacional de Arte da Catalunha, em Barcelona, olhando um quadro de Sorolla: olhos abertos, boca aberta, durante minutos... A arte apelava aos seus sentidos e realimentava a sua imaginação e o seu pensamento. O pai interrompeu o sonho; estava ficando tarde, maldita pressa.

No museu, assim como na sala de aula: controlar tempos, frear sonhos, cortar inspirações, adorar o totem de uma suposta eficácia. Mas o que é o pensamento, senão imaginar? Em nosso mundo pós-industrial, a educação deveria ensinar a sentir.

Se não preservarmos nossa sensibilidade, se não a potencializarmos, estamos privando de experiências vitais os nossos alunos. E fazendo-o, não favorecemos o despertar ao saber, à curiosidade, à pergunta e a todo o âmbito reflexivo necessário para favorecer sua motivação intrínseca.

Sentir o conhecimento é algo que nós, os educadores, podemos induzir somente se for uma sensação que também experimentamos. O pensamento e o conhecimento que realmente se incorporam na mente de uma criança têm base no sentimento, que é o primeiro sinal, ativado a partir da surpresa e do assombro. Esse substrato comum vai além da disciplina que ensinamos na sala de aula, é uma capa profunda que possibilita o primeiro impulso para a compreensão.

Surpreender na sala de aula deveria ser uma de nossas prioridades, porque depois a tarefa de incorporar mapas, conhecimentos e relações vai se conseguindo com um esforço menor. Mas, na realidade, não é que se dedique menos esforço: é que se leva a cabo de forma um tanto inconsciente, porque estamos sentindo o conhecimento. Iniciamos os temas de geometria analítica. Perguntamos: o que é o espaço? Onde estamos situados? Como podemos sabê-lo? Existe a possibilidade de detalhar a nossa localização? O que é na realidade um ponto? E uma reta? Perguntar. Escutar. Induzir ao assombro. Sentir.

> Ativar a surpresa, surpreender em sala de aula, e fazê-lo com sentido, deveria ser uma de nossas prioridades.

Ativar de forma constante as estratégias encaminhadas a sentir o conhecimento acaba sendo mais fácil, se em âmbito familiar foi praticado de forma saudável e aberta. Se as crianças cresceram em um ambiente no qual a reflexão e o assombro, a imaginação e a comunicação são valores praticados em condutas habituais, nossa tarefa como docentes é realizada em harmonia com o que já é praticado em casa.

A superexcitação emocional, baseada em muitas horas diante de telas e dispositivos eletrônicos, condiciona a capacidade de assombro que facilita o aprendizado da criança ou do adolescente. É bem cômodo manter a criança como sujeito passivo, recebendo informação de forma incessante, mas o preço a pagar é a saturação emocional e a renúncia a seu papel protagonista como sujeito ativo no desenvolvimento de sua imaginação e de seu pensamento. Nossa tranquilidade de hoje pode conduzir à dificuldade de descobrir e aprender com base na autonomia pessoal e na emoção do descobrimento (L'Ecuyer, 2017).

Nós, mestres e professores, deveríamos transmitir sentimento e paixão pelo conhecimento. Dominar nossa matéria é um pressuposto, porém não é garantia de uma transmissão efetiva do conhecimento. Induzir positivamente para o aprendizado nos distancia de posturas extremas, pouco eficazes. Por uma parte, a daqueles que acreditam ser donos de um método infalível: tudo ordenado, tudo previsto. Uma linha de ação possivelmente cômoda, mas que não garante um pensamento profundo e crítico por parte do aluno e que enfrenta o perigo de não se ter estratégias alternativas preparadas diante de uma nova situação na sala de aula. Nada é absolutamente previsível em educação. É necessário acomodar e corrigir constantemente.

A outra postura extrema é aquela que propõe a improvisação constante, uma sacralização da inovação que pode derivar em confusão e, pior ainda, na falta de transparência em relação aos objetivos a serem alcançados.

Uma consequência dessa segunda linha é a sensação de fragilidade por parte do aluno: como devo aprender? O que devo aprender? Como vou ser valorizado? Sentir a sala de aula deve, portanto, ser o foco, calibrando e equilíbrio em todos os momentos, organização e inovação, previsão e capacidade de mudança, orientação e autonomia. Se fôssemos músicos, teríamos de combinar a estrutura sólida de uma sinfonia com o frescor e a flexibilidade que nos proporciona o jazz. O roteiro e a previsibilidade são importantes? Sem dúvida, mas também necessitamos dessa capacidade de superar obstáculos, de mudar ritmos, de nos adaptarmos à realidade da sala de aula.

As palavras têm um grande poder, refletem e transmitem sentimentos. Os fatos não podem ser mudados, no entanto, está em nossas mãos derivar sentimentos positivos em forma de interações otimistas com os alunos (Bach, 2014). Sentir de determinada forma nos leva a falar com o aluno dessa forma. É possível que um bom resultado provoque certo estado de comodismo ou inatividade no aluno, que talvez sinta que já conseguiu tudo, sensação que vem facilitada pelo caráter efêmero, rápido e irreflexivo que alguns alunos dão hoje à atitude perante o estudo e à superação. Os fatos sucedem-se vertiginosamente e as sensações precipitadas que derivam deles podem nos levar – e levá-los – a conclusões erradas. Ao contrário, um fracasso relativo pode ser redirecionado como uma possibilidade de favorecer atitudes que gerem bons resultados posteriores.

Devolvo as provas corrigidas para que comprovem e analisem os erros. Preocupa-me a reação de Ariadna, satisfeita com a sua nota, e a de Marcos, contrariado porque ficou a poucos décimos de ser aprovado.

Tenho de intervir, conseguir que se percebam positivamente. Com base em empatia e encorajamento, digo a Marcos que ele melhorou ultimamente e que deve seguir assim, em um sentido de constante avanço. Para Ariadna, o comentário tem o mesmo sentido de progressão positiva: não se conforme, continue avançando, siga se superando. Eles sentem que devem seguir melhorando. Como afirmava Vaclav Havel, as palavras não são inócuas, são como dardos e o reflexo do nosso modo de sentir a sala de aula.

> Com base em empatia e encorajamento, os docentes têm de transmitir mensagens que estimulem o avanço e a superação constantes.

Quando expressamos a nossa paixão pela nossa disciplina e pelo conhecimento como algo genérico, podemos facilitar uma mensagem quanto à melhoria contínua dos nossos alunos. Aqueles com certas dificuldades se verão impulsionados a superar-se, e os que necessitam de constante desafio também. Quando sentimos a sala de aula e modelamos bem as emoções, aproximamo-nos do ideal educativo pela excelência: transmitir um interesse pelo avanço constante a todo o grupo. Como qualquer ideal, parece um tanto utópico, no entanto, se comunicarmos paixão, estaremos caminhando nessa direção, gerindo bem os nossos obstáculos.

Quando nos deparamos com dificuldades, a nossa resiliência e a nossa assertividade são colocadas à prova. Acontece com todos: vivemos o fracasso daquele aluno como se fosse nosso, sem considerar que o fator tempo tem nos condicionado e que a responsabilidade sempre se divide entre a do próprio aluno, a nossa, a familiar, a social... É necessário tomar certa distância e perguntarmos se fizemos tudo o que era possível; não tudo o que na teoria se deve fazer, mas tudo aquilo que é possível fazer.

Para sentir a sala de aula e desenvolver nossa capacidade de impregnar o ambiente de conhecimento, necessitamos de empatia, da leitura adequada das pistas emocionais que detectamos no grupo. Realizamos essa leitura de três formas. Graças à nossa *empatia cognitiva*, podemos captar as perspectivas e os projetos pessoais dos alunos e gerir nosso estado emocional enquanto valorizamos o deles. A *empatia emocional* nos permite sentir o mesmo que os outros e traduzir a sua tristeza, o seu entusiasmo ou a sua alegria. No entanto, para que a empatia complete o seu ciclo, também precisamos da *preocupação empática*, que transcende as duas anteriores e nos leva a nos ocuparmos dos outros e a ajudá-los no que for possível.

Em um docente, é necessário que a *preocupação empática* se mantenha sob controle, porque pode chegar a provocar frustração perante determinados problemas, uma fadiga por compaixão. É vital "domar" essa preocupação e gerir nosso estresse pessoal envolvendo-nos, ao mesmo tempo, no progresso de cada um de nossos alunos (Goleman, 2013).

Os processos educativos, as dinâmicas de uma escola, o esforço pessoal do docente, entram em conflito constante com a realidade. Um pequeno defeito de alguns professores é se colocar como centro. Não somos o todo, porque, com nosso papel de professores, convivem muitas ilusões, mas também frustrações, desânimos e determinado entorno familiar. Quando a nossa *preocupação empática* se desequilibra, convém lembrar que é a sociedade que educa. Fora da sala de aula existem sérios concorrentes, cujas finalidades às vezes se chocam com as nossas. O que deveria ser a educação, a teoria, contrasta-se diariamente com as situações pessoais dos alunos, maravilhosamente diferentes. Com informação sensível contida no intercâmbio emocional, os olhares, comentários e atitudes desenham um mapa sempre complexo. A tarefa é, pois, titânica. Mas esses professores vivem cada dia, cada minuto, como um desafio empolgante. Sentir a sala de aula nos leva a observar. Os educadores vitais e otimistas observam e sentem.

O sentido da integração de todos os alunos na rede emocional que se expande no grupo é um dos aspectos que devemos cuidar quando entramos na sala de aula e percebemos esse labirinto de emoções como um todo que deve ser modelado e modulado. De fato, as emoções vão conosco, e as podemos perceber se sentimos a educação como um processo que vai além do conhecimento da nossa disciplina.

Uma *educação holística* para a vida precisa da identificação do mecanismo essencial das emoções e do leque desigual que podemos observar em nossos alunos. Antonio Damasio (2010) distingue entre as emoções de fundo (por exemplo, o entusiasmo e o desânimo), com os estímulos que podem agir de forma subterrânea, e as emoções sociais, que se manifestam em grupo, como, por exemplo, a admiração ou a compaixão. Todos esses estratos da geologia emocional se percebem, gradualmente, na sala de aula. As emoções sociais, que os docentes contribuem para modular, merecem a nossa atenção e acompanhamento, porque uma modulação no sentido positivo pode proporcionar a nossos alunos uma base para conformar a sua própria ética.

A sensação de pertencimento, do aspecto equitativo e justo de qualquer decisão na sala de aula, ou o sentido de compreensão e compaixão perante uma situação pessoal, são detalhes cotidianos que equilibram e compensam as emoções sociais. O desânimo, a tristeza ou a impotência, assim como o otimismo, a alegria ou a autoestima, são pequenas cargas de estímulos emocionais que vão "camuflados" em cada interação com cada um dos nossos alunos. A tentativa de abrir a perspectiva mental e social de nossos alunos e o caráter equitativo de nossas decisões podem desenhar um mapa em que as emoções compartilhadas, o sentimento comum da sala de aula, constituam um apoio para o desenvolvimento expansivo das possibilidades de nossos alunos, que estão ali, latentes, simplesmente esperando para ser descobertas.

Daniel Goleman
O cérebro e a inteligência emocional

Os psicólogos se perguntavam pelo mecanismo de contágio (das emoções). Agora o sabemos: produz-se graças aos neurônios espelho (e a outras regiões como a ínsula,[1] que está ciente das sensações de todo o corpo), no que equivale a uma conexão entre dois cérebros. Devido a esse canal furtivo existe em todas e em cada uma de nossas interações um subtexto emocional que determina enormemente todos os outros (...) basicamente, influenciamos constantemente no estado cerebral dos outros. Segundo o meu modelo de inteligência emocional, a gestão das relações significa, nesse nível, que somos responsáveis por como determinamos os sentimentos das pessoas com as que interagimos, para o bem ou para o mal. Nesse sentido, a capacidade relacional tem a ver com a gestão dos estados cerebrais dos outros.

A partir daí surge uma questão: quem envia as emoções que passam entre as pessoas e quem as recebe? Uma resposta, para grupos de iguais, é que o emissor costuma ser o indivíduo mais expressivo emocionalmente. No entanto, quando existem diferenças de poder (na sala de aula, no trabalho, em qualquer tipo de organização), o

---

[1] A ínsula está envolvida na nossa experiência emocional e está localizada na cavidade lateral do cérebro, que separa o córtex temporal do córtex parietal.

emissor emocional é o indivíduo mais poderoso, que marca o estado emocional dos demais (...). Existem muitos estudos que apontam, por exemplo, que, se o líder de uma equipe está de bom humor, os outros o refletem e o otimismo coletivo melhora o rendimento do conjunto. No entanto, se o líder projeta mau humor, ele também o propaga e o funcionamento do grupo irá ressentir-se disso.

CAPÍTULO 9
Pensar

> Não devo procurar a minha dignidade
> no espaço, mas na gestão do meu pensamento.
> Não terei mais, embora possua mundos.
> Se fosse pelo espaço, o universo rodear-me-ia
> e engolir-me-ia como um átomo;
> mas, pelo pensamento, eu abraço o mundo.
> Pascal

Na escola, o acúmulo de estímulos e percepções de nosso cérebro se manifesta diariamente na sala de aula. Cada aluno enfrenta a aprendizagem com base em seu próprio eu e em sua própria forma de pensar, em suas próprias capacidades e limitações. Ensinar a pensar de forma correta, com autonomia e rigor, constitui um de nossos objetivos constantes. Como o conseguimos?

A forma de propor o hábito de pensar é fazê-lo em equipe, com os nossos alunos, e convertê-lo em algo habitual e dinâmico. Estamos introduzindo o tema de funções. Visualizamos diferentes gráficos e geramos perguntas para intuir como se "moveria" o gráfico com certas mudanças na equação que o define. Embora os alunos não vejam o novo gráfico, representam-no em sua mente e comprovam depois que seus neurônios são a mais poderosa ferramenta virtual que existe. Relacionam, intuem, deduzem, experimentam o prazer de pensar.

O caráter geral desse diálogo permite que seja aplicável a qualquer matéria. Não se pode apresentar uma bateria de dados e informação sem submetê-la à discussão e à análise e sem dotá-la das infinitas possibilidades que nos proporciona para gerar novas relações e novo conhecimento. Não basta conhecer os aspectos gerais da filosofia de Kant. É necessário analisar as causas que os possibilitaram naquele momento, as fontes que inspiraram o pensador alemão, o contexto histórico, suas consequências, o possível paralelismo com outras contribuições... Os tempos rígidos das programações educativas parecem confabular contra que nas salas de aulas se aprenda a pensar.

Estabelecer diálogos para pensar é necessário, embora não notemos consequências positivas imediatas quanto a resultados. Elas serão notadas quando esse diálogo for permanente e impulsionado pela motivação. Como afirma Covington (2000): "Comparado com adquirir conhecimentos de conteúdos, pensar pode parecer, às vezes, uma proposta terrivelmente ineficiente".

E, no entanto, ensinar a pensar é de uma utilidade irrefragável. Aprender a discernir, a analisar, a contrastar, a comparar, é a melhor ferramenta invisível que podemos proporcionar aos nossos alunos, a mais versátil e duradoura, sem dúvida. É o *"plus" de qualidade*. É possível conjugar a quantidade e a qualidade de conhecimento, não são conceitos tão contraditórios. Para que um aluno pense em condições necessita de informação, e para proporcionar sentido a essa informação deve analisá-la e "removê-la". O peso da tradição e da espada de Dâmocles das estatísticas e dos resultados parece jogar contra essa síntese.

> Aqui, o professor é a chave: deveríamos pensar em voz alta, expressar dúvidas, incitar à pergunta e ao conhecimento, provocar o prazer intelectual.

Teríamos de colocar ênfase em demonstrar que pensar e conhecer são companheiros de viagem e não se "incomodam" entre si. É necessário assimilar conteúdos para poder pensar, mas não é a única condição, porque essa visão simples nos leva a dois problemas. O primeiro reside na qualidade dos conteúdos iniciais e na forma de expô-los. Se nessa primeira fase não pensarmos corretamente, a informação pode ser pouco eficaz (porque está mal selecionada) ou pouco significativa (porque não está exposta com emoção) para que depois nos permita pensar. Em segundo lugar, para conhecer em profundidade é preciso haver relações, mapas e síntese que somente são possíveis se "pensarmos" os conteúdos.

> Conhecimento e pensamento são necessários, e podemos abrir horizontes aos nossos alunos se essa síntese ideal for levada até a sala de aula.

Segundo Jorge Wagensberg (2007), para viver o *prazer intelectual* são necessários estímulos, diálogos, compreensões e intuições. Cada salto para a frente visando apreender significa mais um estímulo na tentativa do aluno por definir o seu próprio horizonte. A cooperação que envolve o diálogo com os colegas e com o professor é a fase central desse processo de avanço contínuo.

Crescemos intelectualmente com e através dos outros, não apenas com respostas; o mais importante, sempre, são as perguntas. São elas que nos propõem, incitadoras, novos desafios, novas respostas e – também! – novas perguntas. Pensar pode ser um prazer, e assim deveríamos apresentá-lo aos nossos alunos, para que se torne um hábito, para que interiorizem o pensar como um desafio apaixonante.

É possível estimular o pensamento? A resposta é sim. A partir da dúvida, com base na pergunta, no debate. Para que a estimulação do fato de pensar seja adequada, é preciso respeitar o espanto de nossas crianças e adolescentes. Sentir o impulso de saber pode ser induzido, mas não pode ser inculcado. Em outras palavras: a estimulação para o pensar deve-se produzir dentro, a partir de si mesmo. Através de um processo de admiração "para fora"? É evidente que sim, mas, antes, através de um processo indireto. Propor a estimulação na sala de aula como algo que vai funcionar automaticamente é inexato: o professor deve pensar antes como fazê-lo, e dispor de uma longa lista de experiências prévias, fruto da observação do grupo, que lhe ajude a selecionar as estratégias que se mostraram eficazes.

Temos de equilibrar as condições necessárias para que o fluxo de interações que geramos para treinar os nossos alunos a pensar seja ágil e permita a reflexão e a análise. Todos nos confrontamos com a maldita pressa de resolver tudo, de cancelar rapidamente o esforço. Temos de cuidar também dessas estratégias, para facilitar o foco na atenção e a abordagem do aluno para pensar de forma dedutiva e dispor da calma necessária para calibrar bem a proposta do problema e uma resposta coerente.

> Proporcionar pequenos estímulos, e o tempo necessário
> para que esses estímulos induzam a pensar, é um
> elemento primordial da nossa gestão da classe.

Ensinar a pensar repercute em muitos aspectos da vida na sala de aula e significa proporcionar aos alunos uma ferramenta de vida. A pergunta "para que serve a matemática?" surge muito, e é feita muitas vezes a nós que temos prazer de acompanhar os alunos nesse bosque numérico-simbólico aparentemente complexo. Minha resposta é simples, mas gosto que a compartilhem. Prolongo-me nela. Serve para pensar. Para ordenar nosso raciocínio, para encadear os passos lógicos, para, conforme uma feliz expressão, "ter a mente bem aparelhada". Mas também para imaginar, intuir e criar. Não coloquemos limites. A matemática foi etiquetada como difícil. É um tabu, como tantos outros: compreender um teorema ou um procedimento é fácil, bem mais fácil do que compreendermos o ser humano, do que compreendermos a nós mesmos. Sorriem. Sabem que é verdade. Quebramos o gelo da distância; ousamos com a matemática, podemos aprender a pensar com ela.

A habilidade para pensar e para relacionar ideias é fundamental para educar em um sentido amplo, porém é muito mais neste século. Pensar, e fazê-lo bem, deve ser um dos nossos eixos de atuação na sala de aula. Consegui-lo é questão de contágio, e se converte em uma meta constante e aberta de toda a equipe docente.

Entram na minha aula após uma prova de literatura. Alguns se lamentam da dificuldade daquele comentário do texto. Da sua pouca utilidade. Falamos: vamos ver, o importante é que mantenham uma visão ampla do conhecimento, pensar é uma atmosfera comum cujo oxigênio respiram a literatura, a história, a matemática e a física. Se aprofundarmos isso, imaginar constitui nossa ferramenta mais poderosa, e compreender as visões contrastantes da vida que nos mostra Dom Quixote ou o complexo e simbólico mundo de Jorge Luis Borges é tão importante como visualizar um ponto do plano, como determinar a posição de um móvel ou compreender as relações entre uma função matemática e sua função derivada.

O funcionamento do nosso cérebro assemelha-se a uma imensa rede ferroviária que tem uma grande quantidade de enlaces e conexões.

> Ensinar é ensinar a ver o que não se vê, aprofundar muito além da aparência, mobilizar o pensamento.

O esquema simples da separação de inteligências ou habilidades em hemisférios cerebrais tem se mostrado falso. Os dois hemisférios não estão isolados, porém, compartilham informação: nossas vias particulares estendem-se por todo o cérebro, e circulam por ela trens velozes e em todas as direções. A habilidade linguística considerava-se confinada em nosso hemisfério esquerdo. No entanto, foi demonstrado que no uso de semânticas menos usuais, como a linguagem metafórica, o hemisfério direito participa significativamente. Inventar histórias interessantes requer toda a rede. Também é falsa a associação da habilidade matemática com o hemisfério esquerdo. Quando pensamos em nossos símbolos numéricos (um 4, por exemplo) nós abstraímos o aspecto quantitativo (4 árvores, 4 pontos, 4 ideias...) e ativamos nossas duas áreas cerebrais (Forés e outros, 2015). Desse modo, uma das finalidades na sala de aula é fazer funcionar os trens, para que realizem trajetos em todas as direções, chegando à estação desejada.

As *estratégias para induzir* a pensar são diversas, e podemos utilizá-las frequentemente na sala de aula para que todas as interconexões neurais se coloquem em marcha. Daniel C. Dennett, um dos pensadores mais originais no campo das ciências cognitivas, nos oferece uma lista de doze ferramentas de pensamento gerais. Seria extenso explicitar aqui com precisão, mas vale a pena considerá-las para a nossa ação diária nas salas de aulas. O tratamento do erro como uma oportunidade, "pensar fora da caixa", a redução ao absurdo e a capacidade de focalizar as fontes de informação de qualidade são algumas delas, mas também a capacidade de criticar construtivamente opiniões diferentes, o levantamento de questões retóricas ou a navalha de Ockham, a ferramenta de pensamento que consiste em procurar explicar os fenômenos com as teorias mais simples possíveis. Segundo Dennett (2013), "para ser criativo não basta procurar encontrar algo original, é necessário abandonar certo sistema, um sistema que por boas razões chegou a ser algo estabelecido".

O contraponto da sadia admiração que o aluno tem em relação ao professor que realmente educa são o *aprendizado autônomo* e o *pensamento crítico*. Para que possam gerir e potencializar sua assertividade, nossos adolescentes têm de compreender a importância que adquire a formação do próprio critério, uma postura com base na sua individualidade que deveria estar ancorada em duas premissas: na solidez da argumentação, fundamentada não apenas em ter razão, mas também em ser razoável, e no respeito às opiniões dos outros.

Essa necessária autonomia de pensamento, tão urgente no entorno social líquido, saturado de mensagens e valores contraditórios, nasce forçosamente da humildade de sentir-se enriquecido do conhecimento de outros, distantes no tempo ou presentes em nossos dias.

Alberto Manguel
Uma história natural da curiosidade

Cursei o Ensino Médio no Colégio Nacional de Buenos Aires. Tive a sorte de que, durante dois anos da escola, um dos professores que me ensinaram literatura espanhola fosse Isaias Lerner, um brilhante especialista na Idade de Ouro (...). Aquele professor sabia algo fundamental sobre a arte do ensino. Um mestre pode ajudar os seus alunos a descobrir territórios desconhecidos, proporcionar-lhes informação especializada, ajudar-lhes a criar uma disciplina intelectual, mas, acima de tudo, deve proporcionar-lhe um espaço de liberdade mental em que tenham a oportunidade de exercitar a imaginação e a curiosidade, um lugar para aprender a pensar. Simone Weil afirma que a cultura é "a formação da atenção". Lerner nos ajudou a adquirir esse tipo de atenção indispensável para o aprendizado.

Seu método consistia em fazer-nos ler em voz alta todo o livro, linha após linha, e em acrescentar seus próprios comentários quando achava conveniente. Eram comentários eruditos, uma vez que ele tinha fé na nossa inteligência adolescente e em nossa persistente curiosidade; também eram engraçados ou profundamente trágicos, porque para ele a leitura era, acima de tudo, uma experiência emocional; eram indagações sobre coisas de um tempo antigo, uma vez que ele sabia que o que tinha imaginado em algum momento do passado filtrava-se no que imaginamos hoje; eram comentários relevantes para o nosso mundo, porque ele sabia que a literatura sempre se dirige aos leitores do presente. No entanto, não pensava no nosso lugar.

CAPÍTULO 10
Persistir

> Todos vivemos graças à força vital, o hálito,
> o que os gregos denominavam pneuma
> e, antes, os chineses e japoneses, o chi e o ki,
> e que na ioga chamamos prana,
> ou sopro de vida.
> É a energia, o motor da vida,
> que se manifesta como esforço e vontade.
> Ramiro Calle

Todos passamos por momentos difíceis, por alguma circunstância que desejamos evitar de alguma forma, mas que se apresenta diante de nós. Lembro-me de um aluno que concluiu o Ensino Médio na contramão, após três anos de comportamento errático. Embora tenha falado com ele em várias ocasiões, não consegui animá-lo, motivá-lo para uma mudança positiva de atitude a curto prazo, mas no final essa mudança foi possível. Anos mais tarde, quando nos encontramos, vi uma pessoa motivada e vital. Sempre fica algo, embora seja uma pequena semente, do nosso esforço permanente como educadores. Todos nós que entramos em uma sala de aula, já nos deparamos com algum caso desesperador, que nos convida a jogar a toalha. Mas um professor deve persistir, temos de persistir.

A resiliência do professor, que se manifesta na busca de outras vias, em perseverar na transmissão de valores, põe-se periodicamente à prova, e é necessário administrá-la. Continuar com o nosso esforço ao longo do tempo, ser constantes nas estratégias para motivar o aluno, com base na nossa própria assertividade, é uma das chaves para se manter nesta maravilhosa profissão com um otimismo desejável e razoável.

A constância é um valor importante, e nossos alunos, com o seu radar implacável, detectam perfeitamente qualquer momento de desânimo da nossa parte. Para evitar esse tipo de percepção, nossa naturalidade e nossa capacidade de gerir novas situações são aspectos fundamentais. Não podemos dar o melhor de nós, se não pesquisarmos métodos e estratégias para comunicar sempre um sentido de avanço, apesar de todos os fatores ambientais que se obstinam em rotular como caducos conceitos como o esforço e o trabalho constante. A persistência é amiga de todos: nos ajuda e também ajuda os nossos alunos.

O conhecimento bem ancorado, o procedimento bem assimilado, requerem o hábito contínuo. Acabamos uma atividade; determinamos que duas retas eram secantes. Ofereço-lhes outro caminho para chegar à mesma conclusão e Paulo reclama dizendo que um já é suficiente; para que mais considerações sobre um resultado obtido. Rebelo-me; não podemos limitar-nos, é preciso ampliar horizontes e quebrar as barreiras da pressa e do comodismo. Espero que tenha surtido efeito a reflexão, uma entre tantas, essa nova gota malaia[2] tão necessária, esse pequeno progresso de todos os dias.

É necessário não se resignar a fazer apenas o indispensável. Falamos de evitar o fracasso escolar e enfocar apenas a melhoria educativa na direção que nos ajudará a melhorar o nível acadêmico e a formação integral de nossos alunos. Insistir, dia após dia, em uma direção de melhoria significa aceitar desafios. Na educação, o progresso é lento, mas muitos passos, de acordo com o provérbio oriental, permitem a travessia.

Nossos adolescentes, com as hesitações e os altos e baixos próprios dessa fase, necessitam aprender que o esforço constante é um companheiro inseparável na luta pela superação.

> A persistência é um dos antídotos para a baixa autoestima; quando o aluno percebe pequenos resultados positivos, pode começar a pensar que aquela disciplina está ao seu alcance e é interessante.

As famílias, os pedagogos, os professores e os Ministérios de Educação estão – estamos – imersos em um processo aberto de renovação constante. Nesse turbilhão, a má fama da persistência se deve, em parte, a certo contraste entre a dupla moral própria da nossa sociedade líquida e pós-moderna.

---

[2] N.T.: provérbio oriental *bota malaya*, que em espanhol se traduziu como gota malaia, para indicar a persistência da gota sobre a pedra até furá-la. Em português: "água mole em pedra dura, tanto bate até que fura".

Confundem-se as coisas. Influenciam critérios do que "é certo" em nosso tempo livre, que gastamos procurando satisfazer obstinações e desejos em âmbitos externos à escola, no tempo de aprendizado no âmbito escolar, que necessita de certo "senso comum", marcado pela fidelidade ao compromisso, em que a vontade e a responsabilidade são importantes.

No livro *A riqueza das nações*, Adam Smith estabeleceu a diferença que aparece nas sociedades modernas entre a moral do senso comum e a moral do *people of fashion*. Naquela época, o conceito de *people of fashion* referia-se ao tipo de vida aristocrática e de artistas. Em nossa sociedade atual, assimilar-se-ia com a satisfação do desejo como norma de conduta. No fundo, a dualidade moral à qual se referia Smith continua vigente. Essa invasão da ética do *people of fashion* nas escolas, em que são necessárias outras conclusões implícitas a um aprendizado significativo, provoca uma visão negativa dos valores indispensáveis para o aprendizado (Luri, 2008).

Essa influência do princípio da satisfação imediata na formação acadêmica dos nossos alunos percebe-se como negativa da parte dos professores, uma vez que é dificilmente compatível com a constância no esforço e no treino das capacidades criativas que são necessárias para que o nível acadêmico seja ótimo. Dessa forma, hábitos de aprendizado como a repetição ou o valor da complexidade ou a profundidade para enfrentar qualquer disciplina adquirem má fama e são rechaçados. A criatividade dos nossos alunos, seu nível intelectual e sua capacidade para pensar e analisar qualquer questão de forma crítica e pessoal veem-se afetados. Trata-se de uma onda que se retroalimenta; e a persistência e o esforço são os canais que enlaçam conhecimento e imaginação, que unem formação e inovação.

Convido meus alunos de matemática a redigir um comentário sobre algumas páginas do *Tratado da natureza humana*, de David Hume. Quero que relacionem ideias, que pensem no grau de certeza que nos oferecem a álgebra ou a geometria, que pensem sobre o que conhecem, sobre o seu significado, sobre as suas relações.

Comento que não poderíamos tratar dessas questões sem uma atitude de esforço constante e de motivação permanente. Iríamos limitar-nos ao que é fácil e óbvio, mas o motor da aprendizagem é o desafio, a superação, a abertura da nossa mente.

A continuidade do esforço tem a ver com a nossa habilidade. Quando assistimos a um concerto ou a uma conferência nos assombramos com a naturalidade com que os músicos tocam aquela peça ou com que aquele especialista expõe a sua teoria. De onde provém tal domínio? Como se gera uma expressão tão segura e tão criativa na arte ou na ciência? Sabemos que, por trás do aparente frescor que se manifesta de forma tão direta e profunda, houve preparação, constância, insistência. Apesar da mensagem oposta, à que o meio ambiente social submete a escola – a influência negativa do nosso *people of fashion* do século XXI –, a importância da persistência segue vigente.

> Apesar da impregnação da cultura do "aqui e agora", a que o meio ambiente social submete a escola, a importância da persistência segue vigente como condição necessária para tender à excelência.

É evidente que em uma sociedade do imediato e fugaz, falar de soluções a médio prazo, abalizadas no acompanhamento e no estímulo constantes, não goza de popularidade. E pretendem-se soluções radicais e instantâneas. Mas os processos educativos requerem tato, diálogo, um acúmulo infinito de detalhes, de percepção e de empatia. Essas exigências, imprescindíveis para reconduzir um aluno ou otimizar seu rendimento acadêmico e suas qualidades mais genuinamente humanas, não são compatíveis com pressa ou soluções drásticas pouco reflexivas. Em alguns casos, as famílias, com toda a boa intenção, aplicam medidas de urgência e pensam que o mal desempenho se reconduzirá. Essas medidas às vezes podem se mostrar eficazes, mas, nesse caso, somente o são a médio prazo. Acompanhar e persistir é mais efetivo a médio e longo prazos, porque dirige-se muito mais à motivação intrínseca, a nossa tendência inata para o aprendizado.

Para persistir é necessário educar a vontade, induzi-la, fazê-la nascer e desenvolvê-la, sabendo que é uma qualidade de fundo, que sempre nos leva a atingir objetivos. Uma vontade constante move montanhas. Cada passo é importante, e toda longa travessia inicia-se com um passo, como afirma o provérbio oriental. Os treinadores de futebol sabem que isso é verdade, quando lhes perguntam sobre as suas impressões sobre uma partida importante de semanas antes: pergunte-me pelo jogo seguinte. Hoje, o passo seguinte é o mais importante.

Essa sensação de caminhar constantemente, essa formação da vontade, é uma qualidade básica para o êxito pessoal e acadêmico dos alunos. Dispor de atitude é importante, mas, para que esta se manifeste, é necessária a atitude da persistência.

De nossa parte, os docentes, é preciso adotar uma postura também persistente em nosso apoio àqueles alunos que desconfiam do fruto do seu esforço a médio prazo.

Há dois anos, uma aluna que se apresentava resistente ao aprendizado da matemática, baseada no medo do desconhecido, concluiu o Ensino Médio. O problema residia na sua autoestima, que bloqueava o hábito necessário para alcançar a compreensão de conceitos e a habilidade nos procedimentos.

Durante os primeiros meses do primeiro ano, ocupei-me em animá-la e em convencê-la de que enfrentar a disciplina estava em suas mãos. Foi melhorando de forma paulatina, e obteve nota máxima no segundo ano. Após superar o vestibular para entrar na universidade, veio exclusivamente para me agradecer o apoio. Disse-lhe que o principal mérito era dela; o mérito de acreditar nela mesma e no fruto que se obtém da persistência.

Conversamos também sobre o futuro. Foi uma manhã feliz.

Enrique Rojas
Cinco conselhos para potencializar a inteligência

Conseguir ter vontade é uma tarefa que precisa de frequentes vitórias, a princípio em coisas de pouca importância. Toda educação da vontade tem um plano de fundo ascético no início. E este se resumiria na seguinte sentença: tornar atrativa a exigência. É como um mecanismo de sugestão que faz com que a mente inteira se predisponha a levar a cabo essa iniciativa. Trata-se de uma política de pequenas vitórias, lutas titânicas em objetivos mensuráveis. Desse modo, a pessoa vai se libertando de fazer o que gosta ou o que lhe pede o corpo ou a teimosia do momento.

A vontade proporciona libertação, facilita o caminho, tira obstáculos de dentro e de fora que freiam o percurso para o fim proposto.

Quando a vontade é bem treinada, os sonhos vão se tornando realidade. Os rios desbordados do ardor juvenil abrem-se em muitos afluentes e aparece a dispersão, por isso é necessário saber unificar. Ali há um lugar especial para os pais e educadores. *Os pais não podem pretender que os seus filhos façam coisas que eles próprios não praticam.* Por isso, o exemplo é o carro-chefe nesse percurso. E os educadores, com quem as crianças passam nos seus primeiros anos de vida tantas ou mais horas do que com os seus pais, devem considerar esta verdade: *educar é fazer de alguém uma pessoa.* As grandes ambições juvenis, as melhores aventuras, nascem de um pequeno riacho que vai crescendo e torna-se caudaloso, uma vez que a luta pessoal é mais insistente. É o alpinismo psicológico: o importante é avançar pouco a pouco para cima, não a partir de grandes escaladas, mas entregue a pequenos progressos. Esse deve ser o método.

CAPÍTULO 11

Comunicar

> Às vezes, queremos nos aproximar
> e não conseguimos.
> Temos coisas a dizer um ao outro
> e não sabemos como expressá-las.
> Precisamos nos comunicar
> e não conseguimos nos ouvir,
> nos entendermos, nos respeitarmos,
> cada um como somos.
> Você já se sentiu como um náufrago
> em uma ilha deserta?
> Deserta de gentileza, de tato, de calor,
> de humanidade...
> Eva Bach e Anna Forés

Todos experimentamos às vezes a falta de respeito, de bondade ou de tato; sabemos que essa síndrome do náufrago, a vertigem interior que nos causa a incomunicabilidade, nos provoca sensações de impotência e de tristeza. Imaginemos um aluno com essa sensação. Comentamos acima a importância de observar e de escutar, e de fazê-lo em sentido amplo. Observar o que acompanha a palavra e escutar os silêncios baseados na solidão. Porque o silêncio prolongado do náufrago é, na realidade, uma mensagem. Não são necessárias palavras para expressar essa mensagem. Temos algum aluno assim na sala de aula. A ausência de expressão está anunciando, está nos falando, comunica um isolamento que o professor deve contribuir para superar.

O aprendizado requer comunicação aberta e sincera, porque a sala de aula é, definitivamente, uma equipe dinâmica e interativa de pessoas com o interesse comum do aprendizado significativo. E o poder sugestivo da linguagem, não apenas a verbal, é a chave para uma comunicação emocionalmente efetiva.

Não há substituto possível para a imensa capacidade de comunicação oral e escrita do ser humano. A linguagem, esse mar de códigos transformáveis em ideias de que dispomos, nos permite ampliar as nossas possibilidades de conhecer, amar ou sentir. Nossas emoções se põem em marcha quando escutamos uma piada, lemos Camus ou Machado ou vemos uma cena de um bom filme. Mas também, em silêncio, nossos pensamentos se articulam, em palavras não ditas, quando contemplamos um amanhecer, "O jardim das delícias" de Hieronymus Bosch ou o "Moisés" de Michelangelo. Quando o aluno visualiza "Moisés" no seu tablet, vê uma imagem. O passo seguinte, "ver" a beleza e o código oculto da escultura, depende da nossa capacidade de comunicar a paixão pela arte. Na sala de aula, comunicar com eficácia, trasladar sensivelmente a mensagem, contagiar a paixão, é o nosso grande desafio.

O aprendizado efetivo está ligado a um acúmulo de emoções positivas desencadeadas pela presença ativa da dopamina, o neurotransmissor mensageiro que ativa a nossa atenção, a nossa memória e o nosso aprendizado. O papel da dopamina está relacionado de forma direta com o desempenho de outras "moléculas correio", como a serotonina ou as endorfinas, que também intervêm decisivamente em nosso estado de ânimo e em nosso aprendizado. Os sistemas que utilizam essas moléculas se ajudam entre si para criar condições ótimas, constituindo um sistema de reforço para que a nossa memória se ponha em marcha pelo motor da emoção e da sensibilidade positiva (Forés e outros, 2015).

Uma das metas dos professores deveria consistir em comunicar de forma sensível, significativa e eficaz. O poder das palavras, com o complemento da linguagem não verbal, de interações que transmitam energia e positividade aos alunos, determina que a dopamina e suas moléculas aliadas se ponham em marcha. E todos os alunos, o grupo inteiro deve estar, de forma cooperativa, com espírito de equipe, envolvido nessa dinâmica baseada em uma gestão emocional adequada. Estão resolvendo problemas em dupla, e observo o olhar perdido de João. Uma simples chamada de atenção serve para transportá-lo, em uma espécie de viagem cósmica, de sua galáxia distante ao planeta Terra: seu corpo está presente, mas não a sua alma, e dominar a representação de funções requer a alma, como qualquer aprendizado que queira perdurar no tempo e ancorar na profundeza dos conceitos. O binômio corpo-alma, simples e clássico, banal se quisermos, serve-me de apelo emocional. Estamos novamente no planeta e se renova a atenção e o foco.

> Quando um professor não se comunica integralmente com o grupo, podem surgir a desconexão, o desânimo e um nível de aprendizado deficiente. É simplesmente a consequência do déficit de conexão emocional e de uma percepção negativa do processo de aprendizado.

Nesse sentido, existe uma falsa polêmica entre a possibilidade de excelência acadêmica e uma visão dinâmica e significativa do aprendizado de qualquer disciplina. É uma sensação falsa, e a experiência nos confirma de forma permanente que as aulas com objetivos comuns e um docente que os dinamiza, os promove e os regenera constantemente, são aulas de êxito, onde o aprendizado compreende, além de conteúdos, emoções que conseguirão reter esses conteúdos de forma sensível e durante mais tempo.

Quando falamos do menu ideal para uma boa comunicação na sala de aula, um dos ingredientes básicos é a gênese habitual de conhecimento, baseada na abordagem de dúvidas, interrogantes e desafios. A importância da dúvida como motor emocional se manifesta todos os dias. Ao entrar na sala de aula, é útil levantar novas perguntas ou questões em relação ao que foi tratado na última sessão, com dois objetivos: reciclar e rever conceitos já tratados e descobrir novas derivações ou aplicações deles. As perguntas geram expectativas, experiência e desafio. O motor emocional põe-se de novo em marcha. Com a pergunta induzimos à superação e estimulamos a imaginação, que constitui a nossa razão de ser como professores: realimentar permanentemente a paixão pelo conhecimento, que se fundamenta sobre a surpresa e a interrogação.

E, nesse aspecto, nossa capacidade comunicativa é fundamental, porque pode provocar, a médio e longo prazos, estímulos significativos e profundos, estímulos "duros", para que a melhoria constante se converta em realidade. Segundo Wagensberg (1985),

> a consciência humana (...) empreende a conquista do conhecimento como resposta a certos estímulos, estímulos que podem ser duros ou brandos. Um estímulo brando é o que provém de outra consciência (...) é um diálogo, é um quadro, é um livro. O estímulo duro é o que decorre da própria consciência; é a agitação da alma, um assalto.

> De tudo o que comunicamos na sala de aula, o mais importante é bem difícil de definir; consiste em um amálgama de conexões emocionais geradas com uma atitude decidida, criando ideias e oportunidades.

Consiste muito mais em vivê-lo do que em teorizá-lo. Não estamos falando de algo concreto, estamos falando de viver a sala de aula. Não se trata de preencher recipientes separados e hermeticamente fechados com o líquido invisível do conhecimento, mas de compartilhar um mar extenso de sensações, intuições e certezas. Transformar a obrigação do programa em uma aventura, em um roteiro apaixonante, com sentido, é a nossa tarefa comunicativa, a conexão mágica.

Procuremos, por um instante, situarmo-nos na mente dos nossos alunos. Em que condições percebem que se estabelece essa conexão comunicativa? O nível de interação ótimo na sala de aula se impregna, se consegue difundindo constantemente pequenas doses de otimismo e animando todos os alunos, sem exceção, fugindo do conformismo, do comodismo ou do desalento. Entrar e sair da sala de aula adquirem um sentido especial na nossa estratégia comunicativa. Os primeiros minutos são para perguntar, para detectar, para captar: saudações, ânimos, uma pequena síntese, graças a perguntas e dúvidas, das ideias básicas da sessão anterior. Quando vamos terminando, nova síntese, bons desejos, cordialidade, conexão. Trata-se de persistir na criação e renovação constantes de um entorno de aprendizado aberto e atento.

Um professor canadense, John Poland, opinava assim sobre o êxito do programa de matemática criado por Clarence Stephens, em Potsdam (estado de Nova York):

> Os professores devem gostar muito de ensinar, com tudo o que isso significa enquanto comunicação, atenção com os estudantes e seu desenvolvimento (...). A receita do êxito de Potsdam é bem simples: inculcar no aluno a confiança em si mesmo e que tenha a sensação de ter conseguido algo graças a um entorno aberto e atento (Marrasé, 2016).

Parece bastante evidente, atendendo a resultados práticos, que a transmissão emocional do conhecimento é a base para conseguir uma proatividade continuada para o aprendizado. A comunicação na sala de aula deve possuir as características que, de fato, lhe conferem a hábil elaboração, da parte do professor, dos diferentes aspectos que forçosamente se complementam: observar, escutar, sentir... No entanto, outro aspecto da comunicação – muito mais concreto – constitui também o ponto de apoio que aumenta a eficácia do seu trabalho. Esse aspecto tem a ver com o foco do que se deve aprender e com a tutela da sua compreensão. Esses dois aspectos contribuem de forma efetiva com a sensação positiva de acompanhamento e com a percepção de trabalho em equipe que os nossos alunos têm. Muito além de gerir as nossas interações na sala de aula de forma sentida e emocional, nossa atitude investigadora como docentes deveria fixar para si também objetivos de eficácia.

O progresso acadêmico real de um aluno não se pode medir apenas a partir de resultados. A revisão contínua da nossa gestão da aula, que os alunos percebem como positiva por impregnação, persegue outros fins mais ambiciosos. Afinal de contas, que os nossos alunos consigam bons resultados é condição necessária, mas não suficiente, como todos sabemos, para assegurarmos uma aquisição compreensiva, ampla e profunda de conhecimento significativo.

A obsessão do sistema educativo pelo resultado não garante a expansão do talento dos nossos alunos. São necessárias estratégias comunicativas mais eficientes para alcançar cotas mais ambiciosas quanto ao que realmente sabem, de que modo souberam e de que modo assimilaram de forma realmente compreensiva. As boas estratégias de comunicação devem levar em consideração uma busca permanente de altos níveis de compreensão. Meus alunos podem, com relativa facilidade, com algumas "receitas" baseadas em procedimentos, tratar das relações entre vetores, retas e planos no espaço tridimensional, mas conformar-se com esse nível é aceitar a não compreensão profunda da geometria. Têm de imaginar, relacionar e visualizar, integrar corretamente e com sentido a álgebra no espaço, abstrair, duvidar, ampliar...

Preparar os nossos estudantes para determinados tipos de atividades, projetos ou práticas não garante totalmente que estejamos ocupando-nos do primordial. Como afirma Gardner (2013): "No esforço para garantir que os alunos atendam ao currículo e estejam preparados para vários marcos e testes, os professores podem, inadvertidamente, minar objetivos educacionais mais essenciais". Mas comunicar de forma empática e otimista na sala de aula transcende o objetivo do aprendizado e do conhecimento.

Se nossas mensagens na sala de aula transmitem respeito, energia e afeto, contribuímos para que os alunos sintam-se bem, instalados em conexões anímicas positivas. Sentir-se bem, com enlaces emocionais que incentivam a colaboração e a superação de desafios, incide decisivamente para proporcionar pequenas, mas importantes, doses de felicidade.

Sebastià Serrano
Os segredos da felicidade

Como primatas que somos, a nossa regulação biológica ótima – sejamos pacientes, médicos ou enfermeiras, alunos ou professores, amigos, amigas, gente adulta ou crianças – depende em cada momento das relações que temos com os outros, sobretudo com as pessoas emocionalmente mais próximas. Uma boa regulação será sempre geradora de pontes emocionais e, portanto, de relações que curam, que ajudam a crescer e que dão sentido e esperança à vida.

Os estudos realizados com pessoas consideradas objetivamente felizes apontam sistematicamente três elementos característicos: primeiro, essas pessoas têm uma boa rede de relações estáveis; segundo, têm um forte envolvimento com a comunidade; e terceiro, quando se realizam provas de visualização de sua atividade cerebral, observa-se que têm uma forte inclinação a processar a informação na parte frontal e pré--frontal esquerda do cérebro (...).

Que a felicidade acompanhe ou não uma pessoa depende em parte do DNA que tiveram a sorte – ou a desgraça – de receber, mas também, e muito, muitíssimo, do ambiente que a rodeia desde pequena. Os genes podem gerar um andaime emocional inclinado para a timidez, a empatia ou o mau humor, mas o grau de suporte emocional que recebe do ambiente pode perfeitamente reconfigurar o andaime para construir um prédio sólido no qual viva a vida com longos e prolongados momentos de bem-estar e felicidade. Portanto, a quantidade e a qualidade do afeto e da estima que recebe uma criança têm consequências neurais de longa duração.

CAPÍTULO 12
Compreender

> O desejo mais profundo da mente corre paralelo ao sentimento inconsciente do homem perante o seu universo: é uma insistência no conhecimento, um apetite por clareza. Para um homem, compreender o mundo é reduzi-lo ao humano, marcá-lo com o seu selo.
> Albert Camus

As estratégias que poderíamos denominar "de aula" são tantas quanto os professores; esse é um fato evidente se consideramos todas as nuanças que revestem o aprendizado. No entanto, as instituições educativas podem optar por linhas formativas que, salvando as diferenças lógicas entre idiossincrasias e estilos pessoais, enfatizem as formas diferentes de *ensinar para a compreensão*. Nesse sentido, podem dar-se contradições, porque os estereótipos na educação – como em outros âmbitos sociais – não nos proporcionam receitas mágicas ou modelos a serem copiados cegamente. Há professores com diferentes estratégias que obtêm ótimos resultados, mas se caracterizam por uma qualidade comum: sabem conjugar de forma efetiva e emocional o binômio comunicar-compreender.

As estratégias que os professores aplicam na sala de aula são diferentes e apresentam muitas nuanças, no entanto, se querem resultados ótimos, é necessário comunicar com base na emoção e para a compreensão.

Os modos de mostrar o conhecimento nas escolas têm evoluído de acordo com as mudanças que também se têm experimentado na noção ao uso do conceito de compreensão. Na nossa complexa sociedade pós-industrial, requer-se uma espécie de simbiose entre procedimentos e destrezas especializados, informação-conteúdos (ou o domínio das formas para aceder a eles, isso implica a sua polêmica e suas nuanças) e sua compreensão profunda. Os alunos devem especializar-se já com quinze ou dezesseis anos, mas também devem dominar amplos conteúdos e compreendê-los profundamente, e nenhum desses três aspectos é completamente independente dos demais. Suponhamos que o aluno estuda-analisa um quadro de Picasso. De alguma forma, está se especializando, mas conhecer o contexto histórico em que viveu o pintor e os aspectos gerais da sua obra, e relacioná-los de forma significativa, o ajuda a assimilar e compreender o quadro em particular.

Embora na prática essa simbiose funcione, o modo como se transmite o conhecimento se articula, esquematicamente, em dois modelos que, em muitos casos, se complementam. No modelo mimético de educação, o professor mostra e desenvolve a informação que o estudante procura duplicar ou reproduzir na medida do possível. Segundo esse padrão, estamos fomentando os rituais repetitivos e limitamos o progresso de alunos com talentos especiais ou com altas capacidades, mais propensos à análise crítica e a visões alternativas e/ou expansivas.

> A orientação transformativa concede ao professor a função de guia ou facilitador do aprendizado, induzindo o aluno a elaborar seus próprios "mapas" de conhecimento.

O primeiro modelo procura assegurar as destrezas básicas, enquanto o segundo enfatiza a autoelaboração crítica do aprendizado e da criatividade. Na prática, muitos docentes procuram usar o melhor dos dois modelos, e, portanto, asseguram destrezas e conhecimentos pela via mimética e paralelamente fomentam a autonomia e a criatividade em seus estudantes.

A fé cega em uma dessas duas tendências pode acabar minando o princípio de naturalidade. Para um professor, é vital a pesquisa contínua enfocada na compreensão; e, para decidir as estratégias que finalmente funcionem, devem ser considerados vários fatores: a própria experiência, as características do grupo-classe, a linha que impulsiona a escola... e o próprio eu. Definitivamente, os docentes não deixam de ser um filtro potente. Temos uma noção exata dos conteúdos, mas, essa lista de temas, conceitos e habilidades, forma um emaranhado de lã, em que seguir um fio concreto pode ser complicado. Nosso mérito é converter esse cúmulo de fios em algo mais inteligível. Para consegui-lo, necessitamos filtrar e esclarecer, precisamos da magia de partir do simples.

Diante de uma atividade complexa, ou de problemas de especial dificuldade, opto por transmitir segurança e serenidade aos alunos. Proponho-lhes dissecar o conhecimento. Convido-os a proporem-se todo tipo de perguntas, quando enfrentam o desafio. Que questão nos apresenta realmente essa atividade? De quais conhecimentos ou ferramentas necessitamos? Existe algum conceito envolvido nessa atividade que não recordamos? Que informação nos proporcionam realmente? Quais possibilidades nos abre dispor dessa informação? Quando dissecam realmente a proposta de aprendizado, quando distinguem claramente todas e cada uma das mensagens da proposta, estão em condições de tratá-la com êxito.

> Uma educação orientada para a compreensão requer interações constantes na sala de aula, para eliminar o máximo possível os medos e a insegurança.

Na sala de aula apoiamo-nos em diferentes muletas para a compreensão, e, quando as utilizamos conjuntamente, podemos influenciá-la decisiva e positivamente. Comentamos que dissecar e filtrar o conhecimento é uma dessas muletas. Mas isso não é simplesmente assim. Como qualquer consideração para um aprendizado significativo, a proposta de perguntas para impulsionar a compreensão não é suficiente em si mesma. É necessário "viver-se", manifestar-se com base na emoção e no descobrimento. A dissecação que conseguimos em nossos alunos, no sentido de lhes ensinar a questionar-se e a questionar, tem de ancorar-se em verbos já vistos, como sentir e comunicar. O professor assume um papel fundamental como indutor da compreensão, e nesse papel fundem-se as estratégias, as emoções e a eficácia comunicativa.

Deve-se ler nos rostos. Quando observamos e percebemos a sala de aula, não podem escapar os sinais, sutis, mas reconhecíveis, de que algo não foi compreendido. Às vezes, percebo uma compreensão superficial, outras vezes desconexão ou desânimo, dois muros para a compreensão. Ao percebermos, temos de reiniciar, procurar outros enfoques, perguntar, expressar dúvidas, comunicar a curiosidade que nós também sentimos. De certa forma, agir para a compreensão implica dar início a uma série de recursos expressivos e emocionais que possam servir como detonadores da assimilação íntima e sentida, intrínseca, dos conteúdos. Esses recursos são de tipo pessoal e desenvolvidos por professores que apostam em uma educação baseada em uma ótima gestão emocional dos recursos humanos (os próprios, os de nossos alunos, os que se podem gerar com base na colaboração) e no início da pesquisa sobre a melhoria e ampliação constante desses recursos.

Para compreender, é necessário focar a atenção. O cotidiano da sala de aula nos mostra graus bem diferentes de foco em nossos alunos. A nossa atenção circula basicamente em dois sentidos que se alternam sem cessar. Na mente dos nossos alunos também se produz essa alternância ou essa convivência entre dois sistemas independentes entre si. O *sistema ascendente* "abaixo-acima" manifesta-se de modo inesperado, como um lampejo intuitivo, e é motivado por estímulos e emoções. O sentido contrário da nossa autopista neuronal, o *sistema descendente*, transcorre mais lentamente, é voluntário, responsável pelo autocontrole emocional e tem relação direta com a nossa vontade. Parece que o sistema ascendente, mais primitivo, teria mais relação com o que somos, e o sistema descendente, com o que queremos ser (Goleman, 2013).

Os alunos se encontram imersos, como nós, nessa dupla dinâmica, e podemos observar lampejos de intuição e também processos mais direcionados e reflexivos. No entanto, existem fatores externos que jogam contra. Por um lado, percebemos que, cada vez mais, há uma falta da calma necessária para que apareça subitamente uma ideia. Por outro lado, a influência dos valores próprios que nossa sociedade líquida está instalando de forma evidente – urgência, rapidez, superficialidade – jogam contra a necessária atenção que se requer quando necessitamos compreender. Mas sempre podemos decidir; o ato livre de decidir é, por sorte, pessoal e intransferível. Depende de nós.

A capacidade de focar a atenção é um dos pontos-chave para a compreensão, e essa capacidade requer treinar o que poderíamos denominar "isolamento motivado"; precisa de um diálogo interno e eficaz.

A calma é necessária para que as ideias brotem.
A influência de valores como a urgência e a mera
aparência jogam contra a compreensão profunda.

Induzir a compreensão é oferecê-la como possibilidade: nossos alunos devem perceber isso como algo que está a seu alcance. Certas frases, certas desqualificações indiretas, podem fazer desistir de qualquer tentativa. Para que essa possibilidade seja real para todos e para cada um, investigar e contrastar métodos e diferenciar as distintas sensibilidades da sala de aula deveriam ser algumas das nossas tarefas. Observar e mudar. Ensaio-erro. Procurar melhorar sempre a gestão da complexidade.

Se pretendemos que os nossos alunos compreendam, nós, como professores, devemos compreender. Compreender os mecanismos profundos e internos que facilitam a assimilação significativa de conhecimento. Temos de detectar qualquer sinal de um déficit de compreensão profunda. Definitivamente, a aposta em uma educação de qualidade, baseada na motivação intrínseca e na retroalimentação do íntimo desejo de saber, necessita de nosso seguimento cotidiano e persistente do grau de compreensão real que teve lugar na sala de aula e da observação constante do "termômetro motivacional" que mede o grau de implicação do grupo – e de cada aluno – no aprendizado.

CAPÍTULO 13
Ler

> Cada livro era um mundo,
> e nele me refugiava.
> Alberto Manguel

Ler é viver, aprender e sonhar. Tudo nos é concedido em um pequeno objeto; o universo inteiro, todas as sensações, estão contidos atrás dos códigos que interpretamos em uma tela ou em um pedaço de papel, depois de impulsionar um teclado tátil ou após acariciar as páginas com os dedos, em um gesto cúmplice e solidário com o autor, com os outros leitores e comigo mesmo. Nossos alunos aprendem a aprender e a viver enquanto estimulam de forma dual a razão e a paixão, o conhecimento e as emoções. Nesse estímulo, os bons livros – aqueles que nos despertam, que nos fazem compreender ou sonhar – desempenham um papel fundamental. Como afirma Josep Maria Espinás, o livro é um alimento sem data de validade.

No livro encontramos, imaginamos e sentimos. Podemos entender um pouco mais as pessoas, as suas paixões, desejos e misérias, se lemos Dostoiévski, Marai ou Kundera. Podemos compreender o século XX, se lemos Max Weber, Albert Camus, Hannah Arendt, Karl Popper ou Karl Marx. Acedemos à beleza da matemática graças a Martin Gardner ou Clifford A. Pickover. Podemos deixar-nos levar pelo impulso do orgulho e da obstinação com *Moby Dick*, de Melville; e, na obra *A metamorfose*, Kafka nos mostra com crueza a solidão do homem contemporâneo. Entramos na floresta do mágico com Vargas Llosa, García Márquez ou Borges. São autores e livros eternos, que continuam com a preocupação por tudo o que é humano, ancorada nas páginas de *A Odisseia* ou de *Dom Quixote*.

Portanto, ler é tremendamente subversivo, como compreenderam os regimes totalitários. Ler representa aceder à civilização, ao pensamento crítico e à oportunidade infinita de conhecer e analisar. Alberto Manguel

(2001), na obra *Uma história da leitura*, lembra o papel do livro como garantia da opinião livre e como janela aberta para os sentimentos e ideias mais nobres: "A censura, de uma forma ou de outra, é o corolário de todo poder, e a história da leitura se ilumina com uma fileira, aparentemente interminável, de fogueiras acesas pelos censores".

> Ler é alimentar e alargar a nossa mente, civilizar-nos e dotar-nos de opiniões próprias, bem como de respeito e compreensão dos outros.

Ler nos forma como seres livres e dignos. Porém, ler é também nos acompanhar de outras pessoas, compartilhar impressões e emoções, compreender o comportamento humano, abrir a caixa da curiosidade, incitar perguntas. Considerando tudo isso, fomentar a leitura é imprescindível, se pretendemos uma educação em profundidade, que forme pessoas cívicas, responsáveis e criativas. Ler é uma estratégia vital para estimular o interesse pelo aprendizado. Nos centros educativos insiste-se no papel que desempenha a leitura para adquirir as competências básicas de compreensão e expressão. Contudo, sinto que a transcendência é maior. A habilidade para utilizar a língua instrumental é importante, sem dúvida, mas vai acompanhada da sensibilidade para captar emoções e para ampliar o campo de nossas vivências e ilusões.

Para Einstein, o fato de ter lido Dostoiévski foi fundamental. E, nos livros do grande autor russo, não se fala da teoria quântica, mas se reflete sobre a natureza humana. Ler é determinante para viver, para situar-se no mundo e para derrubar os muros que nos impedem de sonhar e imaginar. Pode haver algo mais útil, a longo prazo, para a nossa educação?

Um dos objetivos da educação, o mais transversal e profundo, consiste em abrir horizontes pessoais, em ampliar a mente dos nossos alunos para formá-los como pessoas criativas. Não existe um veículo superior à leitura para visualizar esses horizontes. Ela nos dota de sensibilidade e de razão e nos abre as portas de salões repletos de histórias que nos cativam. As nuanças e os detalhes que trazem o relato ou a poesia possibilitam um progresso das possibilidades dos nossos alunos. Não se trata de algo irreal; estamos falando do tesouro mais apreciado que podem reunir, porque lhes estamos entregando, em cada livro, o legado da civilização e da cultura. Também lhes oferece – nos oferece – conhecimento próprio, de nós, do nosso eu, da nossa relação com os outros, das nossas aspirações como pessoas.

Mas o livro e o aluno não são os únicos personagens que entram em jogo quando falamos da grande relevância que significa o fato de ler como atividade educativa habitual. O professor, o educador, são os veículos que possibilitam que as emoções e as perguntas que estão imersas por trás das frases e palavras, meio escondidas, mas evidentes, saiam à luz. O professor que lê um conto que surpreende e ensina, o professor que comunica toda a essência e as ideias que podem derivar de um texto, facilitam e tornam possíveis as uniões invisíveis entre o autor e o aluno. Fecha-se o círculo profundamente global e holístico da leitura.

No fim de contas, ler é transcender. Cada aluno pode ir além de si mesmo e compreender o mundo; formar uma comunidade para analisar e contrastar opiniões, a fim de avaliar as possíveis interpretações e, por extensão, para abranger o mundo à sua volta.

Ler é *interpretar*. Porque após cada capítulo, ocultas como pássaros em um bosque, encontram-se as outras interpretações do leitor. Não existe uma leitura. Existem as leituras, existem tantas impressões como pessoas que leram um livro. Essas segundas linguagens, essas mensagens que se filtram em nossos alunos quando leem, podem conduzir a um intercâmbio de ideias que alarga o campo de suas habilidades expressivas e do seu imaginário. Quando se comenta um romance, algo se transforma no nosso interior, e a nossa interpretação do que foi lido ocupa toda a retaguarda que o escritor deixou vazia, para que a ocupemos com as nossas percepções. Nesse exercício, o aluno está sentindo, compreendendo, comunicando... está integrando todos os verbos que compõem a educação em apenas uma atividade. Existe algo mágico e sublime na compreensão de um texto e na sua interpretação: habilita os nossos alunos a viver.

A leitura, longe de ser uma atividade aparentemente passiva, teórica e ociosa, *é uma potente ferramenta prática*. Quando nosso aluno enfrenta plenamente a vida autônoma, o imenso valor do que foi aprendido em tantas páginas se revela, sem que ele próprio perceba. Sua capacidade de compreender o âmbito social, para realimentar o desejo de saber e para desenvolver a sua atividade de forma colaborativa e empática, foi gerada, em boa parte, por aqueles livros que lhe agitaram a mente e cultivaram a sua sensibilidade. Ao ler, nossos alunos penetram no labirinto sempre complexo da vida de forma natural, pessoal e livre. Por trás de uma boa oportunidade de trabalho, por trás da nossa própria felicidade e daqueles à nossa volta, encontramos sempre o vestígio de livros mágicos.

> Com o passar do tempo, a leitura acaba sendo uma das joias que contêm o tesouro do aprendizado, uma joia invisível que se pode usar sempre.

Ler também é libertar-se; de fato é um ato de liberdade. Cada livro abre possibilidades em cada aluno, segundo conexões não visíveis que o fazem sentir e lhe permitem expressar-se com naturalidade e compreender a realidade. Como afirma Juan José Millás, "a realidade é feita de palavras, de modo que quem domina as palavras domina a realidade". Quando os nossos alunos começam a velejar sozinhos, o leme do barco é deles, e cada manobra, cada decisão, tem em conta tudo o que foi lido; a liberdade do percurso se conecta, de forma distante, com os livros (Nadal, 2017).

O hábito da leitura é um hábito ambiental. Em muitos casos, os alunos leem porque os seus pais leem. Mas também os professores intervêm de forma clara nesse aspecto. Para Daniel Pennac, duas influências foram decisivas; a de um professor, confidente de suas leituras, e a da sua família: "Na minha família, tinha visto, sobretudo, ler os outros (...). Havia bem-estar naquelas atitudes. No fundo, foi a fisiologia do leitor que me impulsionou a ler" (Pennac, 2008). Perante um texto, as perguntas se acumulam em forma de dilema ético, de sentimentos e paixões, de alavancas que desenvolvem a nossa razão e a nossa capacidade de análise.

Fiz um curso de orientação universitária. No plano de estudos estudavam-se as técnicas de expressão oral e escrita. Definitivamente, tratava-se de ler, analisar, comentar, escrever. Lembro-me daquele professor com a sua mala repleta de livros, que variavam conforme avançavam as semanas. Filosofia, sociologia, literatura, história...; era simplesmente impressionante. A gente não sabia o que iria comentar nas próximas aulas, mas tratava-se de leituras escolhidas, que se prestavam à dúvida, à análise e à imaginação... Um professor assim não tem preço. Com todas aquelas páginas, a partir dos comentários, daqueles debates na sala de aula, aprendi realmente a aprender. Essa foi a grande diferença, a grande contribuição.

Existem muitas sensações por trás das páginas de um livro, abrem-se perspectivas, descobre-se. No fundo, é uma busca, um tesouro, uma aventura. Deveria compreender-se assim. O poder simbólico da linguagem nos oferece um campo extenso de mensagens explícitas, de mensagens implícitas ou latentes e de pensamentos derivados. É realmente difícil voltar a situar o incalculável valor educativo da leitura em nossas salas de aulas. *Ler é transgressivo* e começa com um ato de livre escolha.

> Diante do conhecimento "enlatado", simples e controlado a distância, o livro levanta as mãos ao céu gritando liberdade.

Ler é um convite à vontade de pensar livremente, a contrastar, a questionar-se. Os professores podem ou não convidar a interpretar sinais e induzir perguntas. Como afirma Graciela Montes (2017), "um professor que ainda pensa, que defendeu a sua fronteira indômita, que não deixou que arrancassem todas as suas fantasias, considera seu dever ajudar a pensar, defender a fronteira indômita, a não deixar que arranquem as suas fantasias".

A Cultura Humanista, com letras maiúsculas, é concedida a nós através da leitura. Nossa facilidade para pensar de forma correta, para articular um argumento lógico ou para descrever com detalhe uma situação, nossa sensibilidade e criatividade se alimentam, sem que percebamos, dos livros. Temos de pensar nisso para perceber. Questões como o respeito para com os outros, a contribuição pessoal à sociedade, a predisposição à colaboração e à cooperação, a compreensão de outras culturas e religiões, a visão aberta do mundo ou para a formação de um pensamento livre e crítico são, hoje, *objetivos prioritários de uma educação de qualidade.*

Bem pensada, a leitura contribui com a gestação do maior dos talentos que podemos adquirir; na expressão de Antonio Damasio (2010), "a capacidade de navegar no futuro pelos mares da nossa imaginação, guiando a embarcação da identidade reflexiva até um abrigo seguro e produtivo".

Emilio Lledó
Os livros e a liberdade

Depois da palavra escrita, chegam, de passagem, até nós, ressonâncias, ecos, camadas de outros tempos, e do trabalho, não apenas ideal, mas real, físico, de outros seres que se esforçaram por imaginar esses livros, por imprimi-los (...). E há uma espécie de prazer especial, um prazer físico, ao tocar tais obras, ao escutar o murmúrio de suas páginas quando as folheamos. Um murmúrio tão diverso, tão diferente e que se deve, ao que parece, à textura do papel ou do pergaminho. Uma voz como a do "mar de mil vozes", como afirma Homero, e que nos fala com mil ressonâncias, com múltiplas sonoridades (...). Homero, de fato, falava do "mar polissômico", ao contemplar e sentir a linguagem da vida, dos elementos que são a nossa natureza (...).

Como as ânforas gregas que fecharam para o futuro o presente da água ou do vinho, no aguardo de atenuar a necessidade de beber nesse futuro, o livro escrito alimentava outro modo mais refinado de esperança: a de que aquele pensado e dito poderia ser pensado, de novo, quando as palavras com as quais pronunciávamos a misteriosa linguagem interior da criação já tivessem esvanecido na nossa mente. E da mesma forma que a argila das ânforas não era, unicamente, a ânfora que continha a possibilidade de viver no amanhã da escassez, e se adornava com esses prodigiosos, admiráveis desenhos, os pensamentos, as palavras dos livros estavam, frequentemente, enfeitados pelo desejo de perdurar, de vencer o invariável, monótono, discorrer do tempo. Um desejo que foi transfigurado em amor, porque poucos momentos da existência podem ser mais deliciosos e amáveis do que aquele que enche de esperança a quem o sente, porque sabe que o livro, cuja impressão cuida e enfeita, entra num reino quase imperecível, no qual, como na velha e luminosa paixão da cultura, a busca da beleza e da verdade se combinam.

CAPÍTULO 14
Motivar

> As crianças e os adultos temos
> somente três grandes motivações:
> nos divertir, ter um vínculo social agradável
> e sentir que progredimos.
> José Antonio Marina

Oculto à aparência e a prioridade do urgente reduzem a eficácia da profundidade e da criatividade. Já comentamos o valor de persistir e de compreender de forma significativa. O culto excessivo das telas, em que normalmente a primazia recai sobre a quantidade ao invés da qualidade, pode diminuir notavelmente a capacidade de assimilação real do conhecimento, e alguns dos nossos alunos vivem esse culto como adoração a um novo deus. Na rede não há tempo para saber algo de algo, mas sim para saber pouco de muito. Proponho para os meus alunos um projeto de geometria com um programa de visualização de funções. Devem concentrar-se no projeto: argumentar, pensar, desenvolver...; a aplicação é simplesmente um instrumento, mas temos que explicar, custa fazer que entendam que a única finalidade se deve centrar na pesquisa, na relação de ideias e na argumentação.

Durante os últimos anos, a obsessão pelas porcentagens de aprovados tem prejudicado a visão mais generosa da educação: motivar o aprendizado e transmitir o entusiasmo necessário para que os nossos alunos progridam, para que todos eles transcendam o relativo que pode vir a ser a avaliação. Quando qualificamos o estudante, somos tomados por muitas perguntas. O que avaliamos realmente? De que forma? Temos reconhecido realmente o seu nível? Ou simplesmente nos esforçamos em obter uma estatística correta? Falou-se muito, demais, sobre o fracasso escolar. Teríamos de tratar do sucesso, do progresso. Os alunos necessitam de desafios e de motivação.

> Quando avaliamos, deveríamos questionar-nos sobre o
> que realmente valorizamos e como o fazemos.

Gostaria, porém, de ressaltar a importância desse verbo em outro aspecto mais importante. Quando educamos com sentido, procuramos motivar cada dia no estreito marco de normativas e programas. Dentro da nossa realidade social, uma educação ambiciosa deveria preocupar-se, antes de tudo, em formar cidadãos livres, tolerantes e solidários, culturalmente instruídos e socialmente responsáveis.

Em minha opinião, é preocupante essa obsessão por determinadas habilidades e disciplinas, porque a vida de uma pessoa, se quisermos dotá-la de um desenvolvimento pleno, requer algo mais do que conteúdos e habilidades; requer *entendimento*, como afirmara Kant. O filósofo alemão, em um breve escrito redigido para iniciar um curso, era consciente da necessidade de alargar a visão educativa, questão de plena atualidade dois séculos e meio mais tarde.

Segundo Kant, o que se espera de um professor é que forme seus alunos nesta ordem: no entendimento, na razão e na sabedoria. Se for invertido o método, é como se o aluno "trouxesse consigo uma ciência emprestada que, além disso, será como se tivesse sido colada, endossada e não que nasceu dele (...) ao aluno não se deve transportar, mas dirigir-lhe, se tivermos a intenção de que no futuro seja capaz de caminhar por si mesmo" (Lledó, 2009).

De fato, a marca permanente que a escola deixa em nós é a capacidade de entender o mundo e de compreender plenamente a formação constante do nosso eu, o que Gardner (2011) denomina *o aprendizado ao longo da vida*. Como o sistema educativo segue baseando-se em conteúdos, essa artificialidade imposta, obrigada, pode passar adiante da compreensão ampla da realidade que possibilita a passagem gradual à vida adulta e aos seus sucessivos desafios. Corremos o risco, agindo dessa forma, de estar capacitando sem valor agregado, sem algumas qualidades humanas indispensáveis para um projeto de vida feliz e consciente. Falo com Laura sobre suas possibilidades de progresso e melhoria, e aparece a clássica resposta "Mas eu sou assim...". Respondo que isso nunca é verdade, que todos podemos crescer em todos os sentidos: "Você não é como você é, você é como quer ser". Impulsionar o entendimento. Fazer com que visualizem amplos horizontes. Insuflar força e otimismo.

As credenciais com que nos apresentamos diante da vida se nutrem da nossa *motivação intrínseca*. O futuro está por ser feito, porque hoje, talvez mais do que nunca, é incerto. Nota-se essa pressão em nossos jovens estudantes. Comprovamo-los todos os dias na sala de aula. Os alunos autônomos, que facilitam a passagem para novas possibilidades de melhoria, contemplam o futuro como uma conquista, não como um presente. São conscientes de que crescer implica superar a adversidade, ignorar o conformismo, entusiasmar-se todos os dias e seguir em frente (Forés e Grané, 2018).

> O estímulo criativo anda de mãos dadas com a motivação interna,
> e essa motivação nasce do assombro que conduz à descoberta.

Alguns professores sacralizam a matéria, *sua matéria*. Pessoalmente, creio que se trata de um erro que limita as possibilidades que se outorgam à educação para formar pessoas equilibradas e felizes. Alarguemos a visão. Nós, professores de matemática, costumamos pensar, às vezes de forma semiconsciente, que a álgebra, a geometria e o cálculo são tudo. Ao longo do tempo, descobrimos que essa crença – porque pode acabar sendo um ato de fé – é no mínimo discutível. A pergunta que inevitavelmente surge tem uma resposta sintética. Ao sair da sala de aula me perguntam: para que serve a matemática? Para pensar, respondo. E acrescento: e para fazê-lo de forma minimamente coerente; e também serve para sentir, para imaginar... As mesmas "utilidades" – magníficas utilidades – com que nos brindam a filosofia, a história, a música, a arte...

As disciplinas se ajudam, e para ser chamado à motivação interna, ao estímulo interno, o aluno deve perceber uma formação realmente multidisciplinar e transversal. As consequências de nossa relativamente nova visão do cosmos, a partir de Copérnico, o genial conceito do "nada" numérico (a "descoberta" do 0 na Índia) ou a teoria da evolução, não implicam apenas mudanças de paradigmas no âmbito científico, mas também na forma de entender o mundo e nos valores da sociedade, que evoluem e mudam (Kuhn, 1978; Singh, 2017).

> O conhecimento autônomo, criado e construído pelo aluno, é um conhecimento de tipo *molho*. Esses molhos que acrescentam sabor predominante a um prato são únicos, mas cada um surge de uma mistura genial.

Quando o conhecimento de nossos alunos progride de forma decidida, estão intelectualmente degustando dessa saborosa combinação de pensamento. A todos nos custa deixar de pensar. Na verdade, tentá-lo é um esforço estéril. No entanto, ao conhecer e compreender, o aluno se incorpora à escadaria sem fundação nenhuma. Vai ascendendo sem perceber: ensinamos-lhe a simplificar, codificar e relacionar pensamentos (Wagensberg, 2014). E, para que isso aconteça, provemos-lhe de sensibilidade transversal, do princípio da curiosidade.

A partir dos anos 1990, diferentes pesquisadores do cérebro constataram o caráter cooperativo das regiões cerebrais. O ensino precoce da música contribui significativamente para potencializar as capacidades da criança no seu conjunto.

Potencializar a atividade musical desde a infância é decisivo porque irá estimular outras áreas que estão adormecidas. Manter o compasso, por exemplo, é uma capacidade especificamente humana, não aparece nem sequer nos primatas, e que exercitamos de forma natural quando assistimos a um concerto ou dançamos.

Segundo Merlin Donald, o poder de representar nossas emoções ou nossos relatos através de gestos e posturas continua sendo básico em nossa cultura humana. Segundo esse pesquisador, o ritmo tem um papel no desenvolvimento da nossa capacidade mimética vocal. Tudo indica que o papel da formação musical é relevante, se quisermos integrar o desenvolvimento da criança como um todo (Sacks, 2017). Também o exercício físico facilita a segregação dos neurotransmissores responsáveis pela nossa agilidade para pensar. Realmente a *minha disciplina* é a única importante?

O aluno necessita da sensação da tendência constante à melhoria, da ampliação do seu impulso vital de saber e compreender. O professor educa observando. Somos captadores de emoções, interesses e ilusões, e espera-se de nós que os orientemos para o progresso e o crescimento. Lemos a "temperatura motivacional" em cada sala de aula, em cada aluno, e podemos inculcar esse sentido permanente de superação e desenvolvimento.

José Antonio Marina
A educação do talento

Todos nós podemos ser mais brilhantes, engenhosos, criativos, inteligentes. Mais do que quem? Mais do que nós mesmos. Isso é o mais surpreendente (...). "Possibilidade" é uma bela palavra, que deriva de "poder". "Possível" é o que podemos tornar real. Com frequência, afirmamos que as crianças estão nas nuvens e que devem voltar para a realidade. Isso é verdade, mas para qual realidade devem voltar? Freud, em uma dessas brilhantes afirmações muito aceitas, argumentou que a infância vive submetida ao princípio do prazer, enquanto os adultos vivem sob o incômodo princípio da realidade (...). Creio que Freud se enganou. Junto ao princípio irreal do prazer e ao princípio pessimista da realidade, há outro princípio que é exclusivamente humano e que nos salva: o princípio da possibilidade. A inteligência humana é criadora porque descobre sucessivamente possibilidades na realidade. Não são verdadeiras frases como "o mundo é o que é" ou "águas passadas não movem moinhos".[3] Nem sequer perante a ciência a realidade se desperta inerte. Um dos mais importantes físicos do século XX, Werner Heisenberg, escreveu: "A realidade não nos ensina nada. Somente se limita a responder as nossas perguntas. Se não lhe perguntamos nada, não nos dirá nada". A educação deve fundamentar-se nessa ideia criadora da inteligência e elaborar uma *pedagogia da possibilidade.*

---

[3] N.T.: "no hay más cera que la que arde". Esse dito popular significa que alguém ou algo já ofereceu tudo o que tinha a oferecer.

PARTE III
Educar para tempos novos

CAPÍTULO 15

Autonomia, liberdade e limites

As tendências e opiniões sobre o papel do mestre na sala de aula são variadas, mas às vezes centralizam-se apenas sobre o princípio de autoridade. É diálogo comum entre pais e professores, e é muito provável que, como comentário final, apareça o típico "fomos de um extremo ao outro", para resumir o intolerável do excesso de autoridade de outros tempos e a ausência de limites ou de uma civilidade elementar que possamos perceber hoje. No entanto, extrair algumas conclusões úteis sobre o *equilíbrio entre liberdade e autoridade* exige mais considerações. Não existem soluções simples, e cair na tentação de medidas universais pode nos conduzir ao desânimo, a um descrédito da profissão de docente – ou da "profissão" de pais – ou simplesmente a agir de forma não adequada.

Partamos de uma afirmação lógica e desejável: nossos filhos, nossos alunos, devem ser autônomos e livres. Eis dois conceitos que se utilizam de forma excessiva, com definições que muitas vezes não são esclarecidas. Ser autônomo significa cumprir aquela máxima de que as pessoas agem com civilidade também quando ninguém as observa. Isto é, *ser autônomo implica ser responsável*. A autonomia, comento com os alunos, é uma conquista individual, que é preciso construir com os microcréditos de confiança que podem obter com a sua ação pessoal, em forma de detalhes de cortesia. Gerar confiança é o grande trunfo de qualquer pessoa que pretenda ser autônoma. E devemos animar os alunos a construírem de forma constante essa autonomia pessoal. Se o conseguimos, o aluno funcionará a partir de sua motivação interior e poderá chegar a ser dono e senhor da sua vida, algo imprescindível para que seja feliz e assuma sua cota de responsabilidade social. Educar em alguns valores baseados na civilidade, empatia e generosidade, com o fim de que nossos alunos possam ser autônomos, implica que nós, docentes, devemos praticá-los, porque o exemplo é o melhor aprendizado.

> A autonomia do aluno vai se construindo com os microcréditos de confiança que vai obtendo com a sua atuação pessoal, manifestados como detalhes de cortesia.

Uma autoridade inspirada na confiança e baseada no exemplo tem muito a ver com a autonomia do aluno, porque o dota de um código ético e da segurança em certas normas e valores que possam constituir uma lei universal. Permitir certo tipo de linguagem na sala de aula ou deixar passar certas atitudes não contribuem para gerar a confiança no nosso papel educativo. Como afirma Victoria Camps (2011), "quando a norma é inexistente, não se aprende a ser autônomo nem a se questionar a norma. Primeiro é necessário passar pela dependência para chegar a ser independente e para entender o que significa pensar e agir por si mesmo".

Existe uma assimetria em relação à responsabilidade de alunos e professores na sala de aula, mas esse fato independente da confiança. Nas sondagens sobre a qualidade da tarefa dos professores que os alunos podem completar, manifesta-se claramente essa independência. O que poderia parecer simplesmente um excesso de confiança é tido por muitos alunos como uma ausência dela. Trata-se de uma ausência de confiança em relação à segurança, porque os adolescentes precisam de modelos positivos que eduquem em sentido amplo. No extremo oposto, uma autoridade manifestada tão somente como tal, sem dotá-la de um significado ético e social, é também ineficaz.

Portanto, são necessários limites baseados justamente na liberdade e na autonomia, embora estabelecer esses limites resulte em uma tarefa frequentemente exaustiva para alguns docentes. A segunda sala de aula, o ambiente social, não facilita certamente o trabalho de famílias e escolas nesse sentido, e, em algumas ocasiões, a superproteção, o carinho entendido como a ausência absoluta de responsabilidade, levam a confundir qualquer veto ou medida do professor ou da escola como um ataque à sua autonomia, quando o que se pretende é dotar o aluno dela, tornando--a compatível, logicamente, com a autonomia e o respeito que os demais companheiros e a equipe de professores também merecem. No fundo, trata-se de educar segundo um delicado e frágil equilíbrio entre direitos e deveres, porque é nesse equilíbrio que reside uma liberdade autêntica que pode ser exercida por todos.

Na escola, o poder da argumentação e do exemplo são os eixos que conseguem, pouco a pouco, pela difusão e impregnação de valores, criar um estilo educativo baseado em potencializar a individualidade e a dignidade. A escola, um dos últimos templos da liberdade, do respeito e de uma atitude nobre, aberta e cooperativa, deveria acompanhar nesse esforço as famílias, também condicionadas pelos valores falsamente pós--modernos do comodismo ou do egoísmo.

> Ensinar aos nossos filhos e alunos que é necessário conviver, compartilhar e respeitar, constitui o melhor presente que podemos proporcionar-lhes.

O fundamento que une a fixação de limites com o desenvolvimento da necessária liberdade e autonomia de cada aluno é sua percepção do sentido de reverência, do qual já falamos. Esse sentido é que faz o aluno perceber o estilo educativo de uma escola como algo realmente útil para a vida, e não apenas como uma série de limites e normativas. Se os professores não transmitem – junto com a civilidade e os limites necessários para preservá-la – um sentido de acompanhamento, de respeito e de afeto para com o aluno, a adoção de medidas e limites sempre será vista como castigo, e não como uma oportunidade para mudar positivamente. Nós, educadores, devemos esperar sempre o melhor de cada aluno e enfocar nosso cotidiano com responsabilidade e um sentido de reverência e respeito para com ele, porque, com base nessa percepção, tem possibilidades de mostrar que é capaz de demonstrar a sua autonomia e de avançar ao nosso lado.

Existem muitos fatores que têm impacto negativo sobre a possibilidade de encontrar o centro de gravidade que compense a autoridade, autonomia e liberdade nas escolas. No entanto, o ponto mais próximo ao ideal pode ser encontrado. A opção pelos valores humanistas atemporais, pelo incentivo à motivação "que começa de dentro", pelo impulso à criatividade e a superação, por comunicar paixão e conhecimento nas salas de aulas, por gerir equipes docentes ativas e dinâmicas, constitui a base de um modelo educativo otimista, no qual a formação na liberdade, o pensamento crítico e a responsabilidade sejam viáveis e compatíveis.

CAPÍTULO 16
O desafio da convivência

> Quem não vive para servir,
> não serve para viver.
> Tagore

Saber conviver tem o seu mérito, e realmente é fácil cooperar com pessoas colaborativas, amáveis e assertivas, mas isso pode transformar-se em um pesadelo se são egoístas e egocêntricas. As salas de aulas de uma escola são, na verdade, pequenas sociedades, e em pequena escala podemos perceber toda a variedade de qualidades e defeitos pessoais que se reproduzirão na vida adulta. Há alunos mais inclinados a ajudar e cooperar, alunos conciliadores, retraídos, individualistas e competitivos, empáticos, organizados, caóticos... Portanto, a dinâmica da sala de aula, como pequena comunidade que é, tem como base um espaço heterogêneo de convivência, no qual os valores do respeito e colaboração possuem um papel decisivo.

O grupo de uma classe é uma equipe de aprendizagem. E uma das primeiras lições, a mais perdurável no tempo e, portanto, a mais útil, é a que nos ensina a relacionar-nos assertivamente com os outros, a sermos nós mesmos e a dar-nos, a pensarmos livremente e a respeitarmos as opiniões alheias. Em nosso cotidiano, nas nossas escolas, caminhamos contra um vento que sopra diretamente na nossa cara. Um vento carregado de tendências uniformes e superficiais, em que pensar e raciocinar de forma autônoma e reflexiva representa uma atitude fora de moda. Como a aprendizagem das nossas atitudes mais nobres se nutre de exemplo, é preocupante que se instaurem valores sociais que antepõem o interesse econômico a uma ética de base ou o desejo de parecer à importância de ser.

> Escolas e famílias, imersas em uma sociedade utilitarista, estão enfrentando uma batalha desigual para exercer um contrapeso baseado na dignidade, no respeito, na convivência e na liberdade.

Quando falamos da convivência na sala de aula, estamos falando dessas dificuldades de fundo, porque conviver envolve valores de fundo, sentidos, fundamentados na convicção de que educar é muito mais do que instruir.

Para converter as salas de aulas em espaços de convivência, promover reflexão e atitudes colaborativas é fundamental. Nesse aspecto, o professor tem um papel essencial e cada detalhe, cada intervenção, representa a totalidade de uma soma cujo resultado é ensinar a compartilhar e cooperar. Sem necessidade de ser professor, qualquer pessoa sensível ao estado do mundo que vamos deixar aos nossos filhos e netos, observa com preocupação a facilidade com que se ofende e se mente nas redes sociais e as mensagens de incompreensão, interesseiras e egoístas, que se propagam nelas. O aluno não é alheio a tudo isso, e aos educadores o panorama que se apresenta é difícil. Mas nessa questão reside exatamente o desafio apaixonante da nossa profissão, ou seja, conseguir uma das metas cruciais em educação: ensinar futuros cidadãos a sê-lo realmente, e sê-lo plenamente, plenamente livres, atentos e sensíveis ao bem comum, à cooperação e à solidariedade.

Quando entramos na sala de aula, o ensino dos conteúdos deve estar acompanhado dessa sensibilidade. As sinergias entre os alunos devem ser positivas, abalizadas sobre o respeito e o sentimento de ajuda. Essa questão torna-se vital, e é realmente o ensino paradoxalmente mais prático, embora fique longe da capacidade matemática ou das aptidões em novas tecnologias. Nesse sentido, o professor consciente da transcendência da sua tarefa, da importância que pode ter o seu trabalho na impregnação de valores humanos sólidos e positivos, deveria utilizar as ideias e o conhecimento reflexivo que nos são oferecidos nas disciplinas humanísticas e artísticas para ensinar de forma aberta, baseada no trabalho em equipe e na cooperação. Como afirma Martha C. Nussbaum (2012), uma das tarefas urgentes é a que consiste em "pesquisar as emoções que subvertem o enfoque das capacidades, como as diversas formas de ódio e indignação".

Os hábitos de convivência e cooperação entre colegas são, evidentemente, a melhor vacina contra o assédio escolar. A empatia mostrada com relação às dificuldades de um colega, as atividades compartilhadas e a gestão das emoções positivas que emanam da satisfação de objetivos comuns são dinâmicas que devem ser canalizadas e orientadas em cada aula. Nesse sentido, é vital que nós, professores, demonstremos nosso apoio a todos, sejam quais forem seus níveis de desenvolvimento acadêmico.

Para um docente, encorajar e fortalecer a autoestima, sem exceção, contribui decisivamente com a convicção do grupo de que cada um deles é o mais importante, de que todos e todas podem contribuir. Não existe melhor remédio para evitar egoísmos, manias e exclusões.

> O ambiente propício para aprender, e para aprender a aprender, fundamenta-se em uma gestão emocional da sala de aula que contemple as capacidades e possibilidades de todos.

Os alunos devem encontrar-se com esse ambiente ideal na escola. Os medos que podem ter de início, os que possam aparecer depois de algum fracasso ou situação familiar, são complexos e variados.

> O temor de "não ser ninguém", o medo da exclusão ou de não ter êxito refletem-se nos olhares, e temos de ativar o nosso detector dessas sensações negativas.

Trata-se simplesmente de impulsionar o ambiente da nossa aula segundo uma direção de progresso, em que um erro seja o primeiro passo para o êxito e aquela pequena frustração se transforme em um trampolim para o desejo de superação (Vilaseca, 2015).

Ensinar a conviver na sala de aula consegue-se com pequenos detalhes, embora os sistemas de aprendizado sejam o núcleo. Conversar com os alunos, individualmente e em grupo, continua sendo, de longe, o instrumento mais eficaz contra incompreensões ou determinadas atitudes egoístas ou tóxicas. Mas voltemos aos pormenores. O professor que vai além dos conteúdos ensina atitudes, e, nesse domínio, quantificar e valorizar é bem difícil, embora qualitativamente se tornem evidentes os sinais que conduziram aquele grupo a uma ótima convivência. Se apontarmos as culpas com muita facilidade, se não escutarmos, se não analisarmos profundamente as situações concretas, não poderemos administrar os conflitos com critério. A persistência, esse valor que ressaltamos, é a nossa melhor aliada.

Ao ler isso, se é um professor em atividade, você pode pensar que se trata de uma utopia, e que o tempo de que se dispõe para esses detalhes fica consumido pela burocracia dos programas e avaliações.

É claro que as utopias sempre escapam das nossas mãos, mas é necessário caminhar na direção delas. Uma saudação cordial, uma palavra de ânimo no momento certo, um olhar significativo requerem pouco tempo, mas são sempre positivos para que a convivência se transforme em uma finalidade permanente.

Cada dia, em cada aula, percebemos sensações que nos indicam o estado da convivência no grupo, e o nosso papel, como professores, é fundamental para conseguir que essa convivência seja ótima.

> O professor que baseia o seu trabalho em semear atitudes positivas contribui para afastar o fantasma do assédio escolar desde os seus primeiros indícios.

Qualquer olhar, qualquer sorriso mal-intencionado, ou qualquer comentário ofensivo se tornam importantes. Nesse sentido, perante qualquer um desses indícios, temos de responder rapidamente, sem dar oportunidade para que o aluno pense que não são relevantes.

O tema da convivência requer sutileza, mensagens positivas e atitudes decididas por parte do professor. A nossa empatia, a nossa assertividade e a nossa influência são decisivas para criar ambientes otimistas em que cada um dos nossos alunos se sinta duplamente protagonista, desenvolvendo as suas atitudes e compartilhando-as com os demais colegas.

CAPÍTULO 17
Professores com alma

> O professor que lembras
> é aquele mais exigente.
> Aquele que vê potencial em ti
> e te faz algum desafio ao qual,
> de alguma forma, podes responder.
> Roser Salavert

Alma é uma palavra antiga, hoje injustamente desprestigiada e afastada do nosso vocabulário. Trata-se de um conceito de múltiplo significado, sobrecarregado pelos aspectos obscurantistas da religião. No entanto, expressões como "pôr a alma" em uma tarefa, em uma relação pessoal, na nossa relação solidária com a sociedade, fornecem-nos sentido positivo, energia e vitalidade.

Entrar na sala de aula e fazê-lo com significado não é tarefa fácil. Os professores precisam ter uma capacidade de resiliência notavelmente maior do que a que se necessita em outras profissões. As qualidades que se supõem em um professor competente são múltiplas e devem fazer frente a pessoas e situações bem diferentes. A lista é interminável, mas tentaremos fornecer algumas chaves *com alma*, com sentido, com fundo ético.

Em primeiro lugar, não procuremos ser o que não somos. Nosso *autoconhecimento* é um fator vital para nos desenvolvermos com naturalidade e destreza na sala de aula. Isso não significa que não possamos simular. Outra exigência: ser bons atores, ou pelo menos atores amadores dignos. Um olhar aprofundado a um aluno é de uma extraordinária eficácia. Um gesto também é importante. Estão nervosos, não prestam atenção; fico observando todos os alunos, e cada um deles, e junto os dedos das duas mãos em uma postura zen. Funciona. Nossas capacidades interpretativas podem ser de grande ajuda. De fato, como comento na sala de aula, a vida não deixa de ser um imenso teatro, porém, juntos deveríamos procurar fazer com que nosso papel tenha um sentido, uma intenção saudável, um sentimento de realização pessoal e uma contribuição positiva aos outros.

> Olhares e gestos são poderosas ferramentas na educação e contêm muitas mensagens que talvez não possamos transmitir com um grande discurso.

Sermos nós mesmos para poder transmitir alma; esta é a primeira das chaves.

Falemos de *resiliência*, o fator vital para não desistirmos perante a gestão continuada de conflitos. Conviver com a pressão constante de pais e alunos é delicado, no entanto, pode converter-se em uma oportunidade de cooperação e melhoria, se soubermos reconduzi-la. Mensagens negativas e pessimistas, tirar conclusões gerais de fatos isolados ou ficar afetado por uma situação de tensão condicionam as nossas atuações posteriores e conduzem ao desânimo.

Uma resiliência baseada na aprendizagem contínua e na compreensão justa de cada situação é necessária para renovar forças e manter ativa a nossa imaginação. A figura do educador debate-se entre a de um deus e a de um servo. Não somos nem uma coisa nem outra. Nem dispomos de nenhuma verdade absoluta, nem podemos ficar à mercê de circunstâncias adversas. Situarmo-nos em nossa justa medida, sem prejuízos excessivos, com assertividade e com um espírito de ajuda e respeito, é o antídoto mais eficaz – econômico, pessoal e gratuito – contra o estresse docente.

É curioso que uma das qualidades essenciais de um educador tenha de ser a *capacidade de aprender.* Nós, que nos dedicamos a ensinar-educar, temos de aprender a aprender. É paradoxal, mas trata-se de uma das condições que nos permitem renovar forças e entusiasmo. Todos os dias captamos sinais de nossos alunos. Esses sinais são de diferentes tipos e nos falam de entusiasmos, projetos ou problemas; são emitidos constantemente.

Há alguns anos, uma aluna mostrava-se especialmente triste na sala de aula. Tivemos de averiguar o que acontecia. Conversamos em uma sala vazia. Ela começou a chorar. Em casa, não podia falar com ninguém; seus pais chegavam tarde, imersos nessa pós-moderna enfermidade que nos afeta a todos: transformar o viver em um mero funcionar. Defendi-os, expliquei a Laura que estava seguro de que se preocupavam, de que queriam o melhor para ela. A resposta pareceu-me preocupante: mas não o demonstram. Animei-a, falei com os pais dessas sensações. Formamos equipe para progredir. Aprendi. A experiência confirmou o que todos os educadores sabem: por trás de problemas acadêmicos costumam esconder-se conflitos pessoais, baixa autoestima, sentimento de impotência.

Renovar-se, reinventar-se. Outra das chaves. Fundamental para manter o tom otimista de que necessitam os nossos alunos. A pesquisa contínua de estratégias para melhorar o nível de compreensão da disciplina lecionada nos ajuda a construir nosso próprio estilo como educadores e tem efeitos balsâmicos sobre possíveis momentos de tensão ou acúmulo. Interiormente, essa renovação nos mantém em forma. É necessária e imprescindível. Os educadores ocupados em polir a sua ação na sala de aula resistem com facilidade aos choques de um dia problemático qualquer, porque esses choques, nesse caso, costumam ser ocasionais. A busca permanente de formas de trabalho mais dinâmicas, ativas e motivadoras nos permite ensinar no ambiente propício que nós mesmos induzimos.

> A renovação é necessária e imprescindível. Os docentes que se reinventam mantêm-se em forma e propiciam bons ambientes de aprendizagem.

A prática de uma *empatia assertiva* atua como uma mola que impulsiona o desejo de saber em nossos alunos. A energia positiva que transmitimos ao entrar na sala de aula é determinante. Pode-se entrar na sala de aula de muitas formas, e os momentos iniciais de cada aula são cruciais para que a comunicação flua com naturalidade. Entrar com decisão, cumprimentando, traçando um plano de ação, olhando com empatia para cada aluno, tem um efeito decisivo. Durante a aula, a interação é importante. Introduzir perguntas, surpresa, despertar o assombro. A atenção do aluno para as suas tarefas de aprendizagem tem de ter foco, ser emocionalmente significativa, para que aqueles conceitos ou procedimentos persistam no tempo e possam relacionar-se com outros novos. Saímos da sala de aula nos despedindo, animando, conversando com algum deles, esclarecendo alguma dúvida. Os laços que se criam, colocando em jogo a nossa empatia assertiva significam a assinatura de um contrato invisível entre todos, o compromisso de avançar juntos de forma permanente.

> Nossos adolescentes necessitam mais de exemplos do que de discursos. Os professores com alma transmitem paixão, esse alicerce firme da interação educativa.

Se demonstrarmos o quão interessante é certo tema – e o vivermos como tal –, nossos alunos perceberão. Nosso interesse é contagiante. Nesse caso, trata-se de uma maravilhosa e inócua contaminação. Elogiar um bom projeto, o resultado de um exercício ou uma intervenção oportuna em sala de aula também faz parte dessa energia que pretendemos transmitir.

O binômio *professor apaixonado–aluno motivado* sempre funciona sincronicamente, como um sistema de ondas físicas que teriam ajustado as suas frequências. Nesse caso, a profissão docente requer um esforço permanente e renovado. E esse esforço consciente nasce de uma cumplicidade desejada e entusiasmada de manter um alto grau de motivação no grupo.

O tom emocional adequado é o que incita o conhecimento e a descoberta, a motivação intrínseca que teríamos de ativar no aluno. Existe um equilíbrio ótimo e necessário entre a nossa capacidade de gerar surpresa e interesse e o papel do aluno como protagonista. É o aluno que finalmente deve experimentar o desejo inato de saber e compreender. Se a sua atenção se baseia somente em mimetizar os conceitos ou reproduzi-los, seu conhecimento carece dos ingredientes para que se estabeleçam de forma significativa. De algum modo, a experiência cognitiva dos nossos alunos surge do contágio que possamos propagar, mas a nossa meta é ativar seu interesse para pôr em marcha o seu envolvimento sentido e vivencial de uma aprendizagem no mais amplo dos sentidos.

CAPÍTULO 18

Humanizar a sala de aula

O que somente as Ciências Humanas conseguem fazer,
e não as Ciências Exatas,
é ajudar-nos a compreender a nós mesmos.
Sermos capazes de expressar as nossas próprias emoções
e nos comunicarmos.
Rob Riemen

O professor entra na sala de aula. Procura medir o nível de energia. Os professores com alma detectam esse nível e procuram aperfeiçoá-lo. Mas, em que ele consiste? Nesse caso, vamos resumir em uma palavra uma soma de sensações que nos possa indicar o grau de predisposição e entusiasmo que fomos capazes de gerar. A aula necessita de sinergias positivas e otimistas, e esse ambiente de interesse pelo conhecimento não é possível se não tem lugar em uma atmosfera impregnada de valores, na qual as qualidades de cada aluno se fundem também nos valores coletivos de ajuda e cooperação.

O caráter hermético dos decretos governamentais que têm a ver com a educação não contempla os fios invisíveis que tecem o interesse profundo pelo saber, pelo questionamento contínuo pelos sentimentos, pela beleza ou pelos mistérios que envolvem a natureza. O conhecimento transmitido pela escola pode ser um conhecimento enlatado. Grande parte da tensão que suportam os nossos alunos, bem como grande parte da desconexão com o conteúdo das disciplinas, deve-se à ingênua suposição de que esse conteúdo vai resultar interessante ou está conectado com as suas aspirações como pessoas. Ensinamos biologia, mas, em poucas escolas se trabalha em uma horta ou se acampa por alguns dias em um espaço natural. Aprender conceitos não é o mesmo que aprender a amar e respeitar a natureza, a nossa primeira mãe.

A história e a filosofia, essas disciplinas aparentemente tão distantes da realidade, são, sem dúvida, essenciais para compreendê-la. Os poderes políticos, e trata-se de uma tendência em escala mundial, estão suspeitamente interessados em minimizar o peso das disciplinas humanísticas nas grades curriculares, que, na verdade, abrem "janelas" mentais realmente úteis. Para Bertrand Russell, a história "amplia a imaginação e sugere possibilidades de ação e de sentimentos que não teriam ocorrido a um espírito inculto".

Ser autêntico, e sê-lo conscientemente e em harmonia com os demais, não é tarefa fácil. Os interesses genuinamente humanos do aluno (ser feliz, realizar-se, viver em plenitude, crescer como pessoa...) veem-se sublimados por outros, bastante alheios aos seus sonhos. Esse muro, alto e resistente, interpõe-se entre as aspirações mais nobres e a aprendizagem parcelada concebida pelos governos e seus ministérios. Mas podemos tentar reverter essa desconexão tão evidente, procurando criar aulas em que a compreensão do ser humano no seu conjunto seja essencial. O conhecimento e a vida se entrelaçam, mas o primeiro não deve devorar a segunda.

> Os interesses genuinamente humanos do aluno: ser feliz, realizar-se, viver em plenitude, crescer como pessoa..., são sublimados por outros, sem qualquer relação com os seus sonhos.

Pessoalmente, creio que as situações de assédio escolar estão diretamente relacionadas com a preponderância de uma visão excessivamente tecnológica e utilitarista do progresso científico, que se reflete cada vez mais nos programas educativos. Isto é, as causas profundas residem no esquecimento e desaparição dos valores que apelam à dignidade humana. No entanto, como afirma Rob Riemen, a única possibilidade de conseguir e proteger nossa dignidade enquanto pessoas é proporcionada pela cultura. E em que se fundamenta o assédio? Evidentemente, na ausência do valor do respeito para com as pessoas e no esquecimento da liberdade humana como pilar fundamental. Esses valores, cuja vigência fora possível graças a muitos esforços individuais e coletivos, deveriam seguir presentes e ser importantes nas dinâmicas escolares.

Parece urgente retomar as questões relativas ao respeito pela dignidade dos seres humanos como eixos centrais na nossa atuação diária na sala de aula e na escola. Os meus relatórios de matemática introduzem-se sempre com frases e sentenças que quero que os alunos tenham presentes. Sem dúvida, a matemática é de extrema importância, mas a formação em um humanismo de amplo espectro é totalmente necessária.

Na sala de aula, as ideias para compreender o mundo devem brotar e manifestar-se. Assimilar, pelo menos em algum grau, o que Hegel denominava "o espírito dos tempos" é um dos melhores e mais úteis presentes que podemos deixar aos nossos alunos. Utilizemos uma analogia. Nosso aluno "sairá" para a vida adulta e continuará, como uma árvore, crescendo. Nós não podemos acompanhá-lo nesse crescimento; crescerá como pessoa graças à qualidade do seu autoconhecimento e à profundidade e ao sentido dos vínculos com a sociedade em que estará imerso. No entanto, o crescimento de uma árvore acontece, em boa parte, graças à fertilidade da terra. E aqui sim intervêm as famílias e os educadores. Nosso papel consiste em adubar a terra com ideias de compreensão que possam dotar os alunos de fortaleza e seiva para apontarem para acima, mas também para os lados, para serem intimamente felizes e cobrirem a felicidade dos outros com seus longos ramos e suas folhas vigorosas.

Uma educação de qualidade deve combinar a questão do *que aprendemos* com as questões mais resistentes ao tempo, que seriam *como* e *para que* aprendemos.

> Alcançar um alto nível de conteúdos é útil e necessário, não em si mesmo, mas como condição indispensável para alimentar continuamente o desejo de compreender e para alargar esse desejo de forma transversal.

Para adubar essa terra fértil em que os alunos vão crescer, são necessárias as habilidades para gerar ideias e o treinamento de suas capacidades para analisar e sentir, para conhecer e entusiasmar-se. Para agir dessa forma na sala de aula, é preciso que a nossa abordagem das aulas seja vital, transversal e ampla.

Quando abordamos um tema de química ou de arte, podemos fazê-lo considerando o modo como se tem alcançado esse nível de compreensão, qual foi gênese, quais são as consequências e os questionamentos que continuam sem respostas. A pressão do fator tempo que enfrentamos pode fazer-nos perder essa visão. Mas não deixar o campo aberto a esse enfoque mais global do conhecimento nos leva a abandonar centros de interesses que poderiam ser cruciais para a motivação intrínseca dos nossos alunos. Ao abandonarmos essa visão holística da aprendizagem, não apenas se podem deixar de ativar centros de interesses no aluno. Também nós, como educadores, estamos nos fechando em uma dinâmica continuísta e monótona que não favorece em nada o nosso processo de melhoria como educadores nem nossas possibilidades intuitivas e criativas.

Um ensino realmente profundo e útil deve conter grandes doses de humanismo ativo. Sem alguns valores pessoais bem consolidados, não é possível uma educação sólida. Entendemos por educação sólida aquela que resiste à passagem do tempo, que proporciona aos alunos habilidades para autoconhecer-se e para conhecer, para refletir e para decidir, para afirmar-se e para duvidar. Também deveríamos lembrar aos nossos alunos que nosso bem-estar se deve a muitos esforços pretéritos e que é preciso não abandonar essa linha histórica. A capacidade de incorporar a experiência externa para um eu sólido e ético é primordial para enfrentar dilemas presentes em nossos dias.

Distinguir entre o que é fácil e valioso, entre parecer e ser, entre o eu exclusivo e o eu com os outros dá sentido a uma vida. Para consegui-lo, a educação é essencial.

Pertencemos à humanidade e não podemos agir como se fôssemos os beneficiários exclusivos de tantas e tantas contribuições anteriores a nossa vida, a nós mesmos. Proporcionar à educação um sentido humanista, reflexivo e social, baseado na bondade, verdade e beleza, situa os professores em um papel central.

Como afirma Emilio Lledó, viver é interpretar. Nossos alunos interpretam a vida; a sala de aula é o cenário no qual contemplamos processos complexos e diversos de interpretação do mundo e, também, onde observamos a complexidade que acompanha as crianças e adolescentes na tarefa titânica – não se deve zombar nunca dela – que significa encontrar a sua própria identidade e edificar um eu reflexivo, equilibrado e autêntico. O professor desempenha um papel de acompanhamento essencial que deve basear-se, sempre, no exemplo positivo, na empatia e na compreensão desses processos de autoafirmação. Nossa função, como pais e educadores, é complicada, abarca muitos aspectos e necessita de grandes doses de responsabilidade, naturalidade e energia. Mas, exatamente por isso, a nossa tarefa converte-se em um desafio apaixonante.

Emilio Lledó
Ser quem és

Ao lembrar os esquemas teóricos de acontecimentos passados e convertê-los em palavras, assumimos uma forma de memória, na qual procuramos contextos em que possamos intuir uma projeção de cada presente e a partir dos quais gostaríamos de adivinhar cada futuro. E esse é um exercício de interpretação.

A interpretação é uma forma essencial de estar no mundo, a única forma humana, racional de viver. Porque cada individualidade é um ponto em que conflui a história perfilada em cada presente. Mas a confluência desse rio do real que nos inunda produz-se nessa vertente interior pela qual corre o afluente mínimo de nossa biografia pessoal, em que se foi tecendo a fibra da nossa possível personalidade. Nessa confluência radicam o interesse da vida humana, seu risco e sua paixão. Viver é interpretar (...). Por interpretação entendo esse processo em que os dados que chegam de fora, do mundo real e social que nos circunda, integram-se com esse outro mundo interior que nos constitui: *o mundo que somos*. Dois elementos essenciais, então, para o conhecimento, para a própria instalação, para a existência: o mundo que organiza todo o conglomerado de estímulos, que percebemos através de nossos sentidos, e esse suposto mundo interior, de textura problemática e inacessível, que forja e sustenta a personalidade, o eu, a consciência de si. Entre esses dois elementos acontece a interpretação, essa atividade ou *energia* – para utilizar a famosa expressão aristotélica – que mistura o que somos com o mundo em que estamos.

CAPÍTULO 19

Por uma educação holística

> É necessária uma inteligência aberta ao dom,
> ao altruísmo, que seja capaz de integrar
> os outros nos seus próprios projetos.
> Francesc Torralba

Os professores que enfrentam o seu primeiro ano como docentes perguntam-se pelos segredos da profissão, pela poção mágica que devem beber para ter êxito no trabalho, para viver com naturalidade e energia positiva os desafios que vão enfrentar todos os dias.

Em primeiro lugar, um professor é um professor a começar de dentro, do seu interior. Todos nós – todos os educadores, sem exceção – agimos como um espelho, refletindo para os outros os nossos valores mais apreciados. É bem difícil projetar um otimismo razoável se não somos otimistas e é pouco crível que anunciemos valores sólidos se nós não os vivemos. Nesse sentido, conhecer a si mesmo é uma condição primordial para conhecer os nossos alunos e poder pensar em estratégias educativas adequadas.

Educar com sentido não é fácil, mas, paradoxalmente, se o consideramos muito difícil, se essa obsessão acompanha o docente, o fracasso ou a decepção estão assegurados. Nas salas de aulas, temos de aplicar o senso comum e mostrar uma versão positiva e entusiasta da aprendizagem. Tampouco é necessário ser ingênuo. Digamos que educar não é difícil, mas é complexo. Conhecendo essa complexidade, podemos procurar algumas chaves necessárias, algumas pistas para que o nosso cotidiano como educadores seja gratificante.

> Uma das chaves fundamentais é o equilíbrio. Os professores
> têm de ser especialistas em ajustar estratégias de forma
> constante e em reorientá-las quando for necessário.

Existem muitos exemplos que nos mostram a necessidade de aprimorar as nossas decisões na sala de aula. Em uma situação de tensão, a nossa experiência deve ter precedência sobre os nossos primeiros impulsos. A tensão contagia-se com facilidade. Podemos colaborar na sua manutenção ou utilizar a argumentação e as cumplicidades positivas para que a situação criada seja reajustada novamente para uma direção positiva.

Convivemos com o conflito. Mas de cada um deles obtemos uma possibilidade de educar. O professor que se desespera deve retornar ao sentido da realidade, deve colocar os pés no chão. Do contrário, as situações problemáticas podem reproduzir-se, realimentadas pela falta de compreensão do problema que se tem criado, ou pela ausência de respostas adequadas a esse problema. Nesse caso, as consequências da persistência do conflito afetam a comunidade da classe, incluindo o professor.

Existe um nível mínimo de empatia que deve dar-se na sala de aula, e aqui o professor desempenha um papel fundamental. Estar atento para manter as conexões emocionais e as cumplicidades necessárias é a melhor estratégia para que os alunos se sintam impregnados de sensações colaborativas de melhoria. Na sua essência, educar requer um ambiente idôneo. Os professores que criam apoios e simbioses de forma empática conseguem uma colaboração ativa na sua tarefa e vivem a aula plenamente.

A sensação de que todos são importantes requer que os professores trabalhem nessa percepção, porque nela reside outro dos valores que difundimos a partir do exemplo. Os adolescentes são especialmente sensíveis, por convicção ou por chantagem emocional, às diferenças de tratamento. Todos os alunos têm suas possibilidades, qualidades e habilidades, e temos de detectá-las, reconhecê-las e potencializá-las. A mensagem tem de ser nítida: todos podem progredir, todos podem melhorar, todos podem contribuir. Quando falamos, nada do que dizemos é absolutamente neutro. A fala é acompanhada de olhares, sorrisos e gestos, e sempre estamos condicionados pelos nossos pensamentos e opiniões prévios. Diante de um conflito concreto, de um "fogo" emocional, de um atrito, nossas palavras podem ser como água ou álcool: podem atenuar e "apagar" o conflito ou, ao contrário, avivá-lo e complicá-lo (Küppers, 2012).

As percepções são matéria sensível – deveriam sê-lo – na profissão docente. A sala de aula é um espaço sobrecarregado de ondas emocionais, de sentimentos diferentes, de energias, de frustrações e de sonhos. As novas tecnologias, uma ferramenta útil e eficaz, não podem anular a educação sensível. Os aplicativos, por si sós, não ensinam valores básicos; podem, evidentemente, facilitar a transmissão de conhecimento e a compreensão, mas a motivação intrínseca, interior, do aluno mobiliza-se graças aos estímulos de pais e educadores.

Podemos dispor de salas de aulas tecnologicamente avançadas, o que não garante, no entanto, absolutamente que o grupo seja coeso e colaborativo, nem que questões como respeito e solidariedade estejam presentes. Na sala de aula, considerar o fator humano sensível, difundir percepções de melhoria, facilita enormemente o progresso dos nossos alunos.

> Os alunos necessitam de estímulo, perguntas interessantes, intuições e otimismo, a sensação de que valores transversais são transmitidos.

As ideias, umas mais geniais do que as outras, circulam pela sala de aula, e são ideias de uma fertilidade que, às vezes, os professores não conseguem detectar.

Nas palavras de Jorge Wagensberg (2017), pensa-se para compreender, compreende-se para mudar e muda-se para viver; e as ideias, segundo essa sequência lógica, são ideias para pensar o mundo, para compreendê-lo, para mudá-lo ou para viver nele.

As escolas abertas e criativas potencializam os diferentes tipos de ideias, em contraposição a outras visões educativas mais meramente instrutivas. Desde a segunda aula, a pressão sobre o modelo educativo dirige-se no sentido de ensinar a pensar para "funcionar" no mundo, mas não atende suficientemente às ideias para pensar o mundo ou para viver nele.

As ideias para pensar o mundo são básicas, e são também instrumento, não apenas ideias. São, de fato combinações de símbolos que nos permitem expressar o que pensamos e transmitir conhecimento ou provocá-lo, gerando perguntas e dúvidas. Trata-se, basicamente, da linguagem e da matemática, que nos permitem ordenar a intuição e poder assimilar o mundo. O grau de domínio dessas duas grandes famílias de sinais determina que possamos adentrar no nível seguinte, que consiste em compreender o mundo: graças à linguagem e à matemática, podemos acessar plenamente essa compreensão, porque elas permitem que nos conectemos com a complexidade, que, às vezes, consiste em conseguir demonstrar algo aparentemente simples. O cálculo infinitesimal, a história ou a química que os nossos alunos descobrem no instituto não teriam sido possíveis sem a incorporação da linguagem e da matemática – as ideias para pensar – à interpretação da realidade.

Essa combinação de pensar e compreender vem construindo o edifício do saber conhecido até hoje. São questões de fundamento que devem ser consideradas quando entramos na sala de aula. Se os nossos alunos adotam uma visão holística da aprendizagem e do conhecimento, a típica pergunta "para que serve a matemática, ou a arte, ou a música", deixa de ter sentido. Como costumo comentar com os meus alunos: bem-vindos à complexidade; tocou-lhes viver em determinada época, posterior a outras vidas que condicionaram a nossa; nasceram depois de Copérnico, de Newton ou de Einstein. Isso tem alguns inconvenientes, como conviver com esses intensos planos de estudo, mas, a partir desse conhecimento, e graças a ele, poderão provocar novas e interessantes dúvidas e abordar novos avanços.

O progresso, porém, teria de se manifestar também na incorporação de valores para a comunidade e seu avanço na convivência e na justiça; isto é, na incorporação de uma cultura humanista, na recuperação da Cultura com "C" maiúsculo. Também existem ideias para viver no mundo e para mudá-lo, e têm a ver com a nossa dimensão ética. Os benefícios de uma educação holística, que volta a pôr a ênfase nos valores do respeito, da liberdade e da dignidade humana, transcendem a instrução e o utilitarismo. E as ideias para viver no mundo e para interpretá-lo e melhorá-lo são, hoje mais do que nunca, necessárias.

Os nossos alunos viverão desafios e mudanças sociais que mal podemos vislumbrar, mas esses desafios podem orientar-se segundo diferentes direções, segundo o progresso moral e ético com o qual a educação tenha contribuído com a sua proposta.

Paralelamente à formação científica e tecnológica, devemos atender as questões sobre as quais nossos filhos e alunos adolescentes se perguntam, às quais devemos dar resposta. Conversar com eles, educar, transmitir valores, pôr limites, não é nada cômodo, porém, é o correto, ético e necessário. O comodismo e a superproteção de hoje podem ser o calvário de amanhã.

> Os benefícios de uma educação holística, que volta a pôr a ênfase em valores como respeito, liberdade e dignidade humana, transcendem a instrução e o utilitarismo.

As escolas holísticas têm em consideração o espírito do ensino, que consiste no substrato de sensações e sensibilidades que se aprendem por impregnação, nos valores transversais transmitidos pela equipe docente e que perfazem o clima educativo da escola.

Ken Robinson (2015) aponta oito competências relevantes que devem ser oferecidas aos alunos para que tenham êxito na vida. A curiosidade e a criatividade são as duas primeiras, e se refletem na capacidade de perguntar, de "explorar" o funcionamento do mundo e de gerar novas ideias. A análise crítica da informação, a reflexão sobre ela e a capacidade de comunicar com diferentes suportes e de diversas formas também são competências de primeira ordem. Por último, as escolas com um sentido educativo amplo e aberto devem induzir ao equilíbrio interno e ao desenvolvimento pessoal do aluno (educação emocional), à capacidade de compreender e ajudar outras pessoas, à colaboração e ao civismo.

A aprendizagem dessas competências perfaz o estilo de uma escola holística, que pode definir diferentes graus de importância para elas. De fato, a lista de competências a ser considerada dentro de um ensino criativo, humanista e holístico contempla ainda ingredientes como a imaginação, a capacidade colaborativa, o esforço ou a cortesia, além de disciplinas fechadas, uma aprendizagem para viver em harmonia com o mundo.

Já comentamos que a chamada "segunda aula", o ambiente social, comporta valores efêmeros, utilitaristas e superficiais que se chocam sensivelmente com os nossos ideais e anseios. Famílias e escolas, somos as fortalezas de uma educação baseada em ideias para pensar, compreender e melhorar o mundo. Ideias férteis, que requerem premissas como o entusiasmo em descobrir, a motivação interna, a preocupação com a dúvida e a pergunta e a dimensão ética.

Nunca é possível saber onde termina a nossa influência como educadores, mas deveria ser sempre holística, de amplo espectro. Para isso, as escolas precisam de equipes de docentes resilientes, vigorosos e otimistas, conscientes do trabalho comum de fazer brotar a inquietude intelectual e de impulsionar criatividade e vontade. Como afirma Ken Robinson, os bons professores se parecem com os bons jardineiros, que não fazem crescer as plantas, nem pintam com as cores as pétalas de suas flores, mas criam condições necessárias para que isso aconteça.

Nunca foi fácil educar, mas fazê-lo com sentido é a melhor semente de futuro.

> São necessários *professores com alma*, que confiem nas possibilidades de seus alunos, que as impulsionem e facilitem, que transformem em fácil e apaixonante o aparentemente difícil.

Andrew Wiles se propôs a demonstrar o último teorema de Fermat desde que tinha dez anos. E conseguiu, depois de uma primeira tentativa fracassada e com uma vontade titânica:

> Você entra em uma mansão escura. Entra no primeiro quarto e está escuro, completamente escuro. Tropeça e colide com os móveis, mas, ao mesmo tempo, vai aprendendo onde está cada coisa. Finalmente, talvez após uns meses, encontra, por fim, o interruptor da luz, aperta e, de repente, tudo fica iluminado e você consegue ver exatamente onde está! (Albertí, 2011).

Wiles refere-se às suas sensações enquanto tentava demonstrar o teorema, mas intuo que podem ser as sensações de alguns alunos. O professor, de alguma forma, deveria guiá-los para o interruptor, ou, ainda melhor, dar pistas sobre a sua localização. Essa é a chave, e o sentido amplo e holístico de educar é o nosso estímulo como educadores, o que nos proporciona intenção e sentido.

CAPÍTULO 20

Sensações, valores e atitudes: o invisível

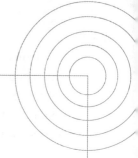

> Nós, humanos, podemos antecipar o futuro,
> seduzir-nos com projetos longínquos, propor objetivos.
> O que ainda não existe orienta a nossa verdadeira ação,
> e esse dinamismo expande a nossa inteligência, alarga o
> nosso coração e transporta-nos para além do que existe,
> para o reino do que poderia ser.
> José Antonio Marina e Carmen Pellicer

Finalizar um curso acadêmico significa questionar-se. A dúvida, esse excelente trampolim para a melhoria, abre caminho de forma especial ao iniciar o verão. É tempo de reflexão. Muito além de notas, relatórios e reuniões, perguntamo-nos sobre o sentido da nossa tarefa educativa. Acometem-nos muitas perguntas, lamentamo-nos de algumas coisas e sentimo-nos satisfeitos e felizes com outras. A tarefa educativa é uma reconstrução persistente e constante, e é muito bom que seja assim. A complexidade que enfrentamos não nos permite dispor de uma rota definitiva, de um único método ou de uma poção milagrosa. No entanto, estamos seguros de que educar é persistir no invisível, nesses detalhes e exemplos que possam ajudar a viver em plenitude.

A marca persistente que podemos deixar, essa acumulação de detalhes que podem ensinar-nos–ensinar-lhes a viver com plena autonomia, é o nosso grande objetivo, e é grande porque é a soma de infinitos detalhes, pequenas interações, sorrisos, estímulos e conversações que modelam, lenta e pacientemente, uma formação em valores. Qualquer pequeno estímulo à capacidade de compreender, à reflexão e à análise, à busca da verdade, ao sentido do estético, ao imperativo ético, à bondade... forma a chave que abre todas as portas para um desenvolvimento pessoal autêntico.

Como afirmava Sêneca, "o que se aprende na raiz nunca é completamente esquecido", e essa compreensão profunda da vida, o ser nós mesmos e com os demais, é o resultado, em grande parte, da gestão emocional da aula, de todos os ânimos transmitidos para que em cada um de nossos alunos permaneça a sede, nunca saciada, de saber e sentir.

Sem dúvida, a qualidade dos conteúdos, sua seleção e sequenciamento adequados são determinantes, mas essa questão, embora importante, não é fundamental. Nossos temas podem adotar uma estrutura impecável, mas devem ser interiorizados, sentidos e compartilhados. O componente emocional exerce um papel de primeira ordem, e as emoções e estímulos não se podem plasmar por escrito.

Apresentam-se diante de nós perguntas inquietantes, sem respostas específicas, mas que conferem sentido à aprendizagem: em que momento "abrimos" a mente dos nossos alunos? Como podemos acrescentar esses instantes mágicos, de inspiração? Como podemos induzir estímulos internos, "vividos", para o conhecimento? De que modo conseguiríamos que sejam semeados os valores que definem uma orientação social, aberta, baseada na empatia e na colaboração? De que forma a felicidade e o estudo podem ser integrados?

Todas essas questões, e outras similares, as definitivas em educação, poderiam concentrar-se em duas: educamos em um sentido emocional, recorrendo ao núcleo poderoso do anseio pelo saber, do impulso por conhecer? Limitamos a formação ao domínio das disciplinas, ou ampliamos a nossa visão a educar de modo holístico, primando a sensibilidade para a verdade, a beleza e a bondade?

Tentaremos responder a essas perguntas. *Abrir a mente. Ir muito além da funcionalidade.* Criar conexões. Fixemo-nos no "Galatea das esferas", o quadro de Dalí. É arte. Mas ficam muitas coisas a serem comentadas. O pintor interessava-se pelo progresso das ciências, lia constantemente. Nesse quadro integra-se a geometria, como na Santa Ceia, com o dodecaedro como símbolo matemático do divino. Em outras obras inspirou-se no DNA, ou na incógnita do tempo.

Borges e a matemática. A obsessão pelo infinito e pelos infinitos. Outra conexão. O mundo de tudo aquilo que não podemos abarcar, do imortal, do inominável, da imaginação desbordada.

Falar também da unicidade. Existem teorias filosóficas, diferentes áreas da matemática, diversas correntes artísticas, mas temos de falar que, no fundo, trata-se de uma única tarefa. Na síntese de cada conhecimento, se houver diferentes, subjazem a mesma pesquisa, as mesmas perguntas. Sugiro a uma aluna uma descrição matemática – um modelo – do "Galatea das esferas", uma busca de pautas em geometria tridimensional que use as esferas. A busca em si mesma é o objetivo.

Como induzimos aqueles momentos em que o aluno experimenta o choque da ideia, do estímulo para avançar, para questionar-se e questionar?

> Para criar estímulos, a irrupção deve partir da pergunta, da relação, da representação simbólica. O aluno entende quando se pergunta, inclusive, sobre a sua própria avaliação como estudante.

Podemos utilizar descritores para falar com ele e estabelecer um consenso sobre o estágio de compreensão, habilidade e aprendizagem em que se encontra. Entre cinco e oito níveis de descrição podem ser adequados. Desde "desconhece muitos termos da disciplina", ou "é necessário melhorar a compreensão de certos conceitos básicos", até "domina perfeitamente os procedimentos, mas pode desenvolver melhor a compreensão e as relações", ou "pode ainda progredir na assimilação de informação mais complexa". Compartilhar e concordar sobre esse conhecimento do estágio de aprendizagem em que se encontra o aluno gera uma saudável cumplicidade, sempre orientada para a melhoria. A partir desse conhecimento, podemos gerar diferentes estímulos para diferentes necessidades. Não é fácil, mas é a forma de abrir o campo de oportunidades para todos.

Também é complexo preparar o caminho para proporcionar a aprendizagem de valores universais, de uma orientação social aberta, empática, em que prevaleçam os valores democráticos, do culto à liberdade, ao diálogo, aos cenários compartilhados. Aqui não podemos ser meramente utilitaristas. Em uma idade em que se está abrindo ao mundo e à vida, o aluno necessita de referências éticas sólidas, da abertura para a análise de diferentes opções e opiniões, do respeito necessário, da necessidade de defender o patrimônio natural e de ter critério para abordar a responsabilidade que lhe é própria.

Uma responsabilidade que assumirá como integrante de uma geração destinada a conseguir que o que chamamos de progresso seja tingido de um profundo humanismo.

E, para conseguir essa formação holística, temos de falar nas salas de aulas sobre o que significa ser um homem íntegro e uma mulher íntegra, responsavelmente livres, com critérios próprios e dispostos a ajudar os outros, para criar laços, para unir pontes. *Open mind*. Como afirmava Camus: "A liberdade não é um presente fornecido pelo Estado ou por um chefe, mas um bem que se conquista todos os dias, com o esforço de cada indivíduo e a união de todos".

> A perversão de uma educação meramente utilitarista, que não se preocupa com a dimensão global do ser humano, é a porta de entrada para um futuro de incompreensão e de ausência de liberdade.

Nas salas de aula, na sala de estar de cada casa, em cada conversa com um adolescente está em jogo a aprendizagem de poucos e definitivos valores; valores que evitam a perversão de um ensino meramente instrumental. Essa perversão, para alguns perfeitamente lógica, não situa a pessoa como protagonista de seu próprio destino, como ator principal de sua própria vida. Pelo contrário, coloca-a em uma dinâmica de comodismo e de conformismo. Daí algumas rebeldias sem sentido, que se baseiam simplesmente em birras por não possuir isto ou aquilo ou para justificar atitudes egoístas ou caprichosas. Assim, pode-se chegar também a conceber o estudo ou a cultura como algo sem interesse. Assim, o culto ao resultado e à utilidade pode afogar a paixão pelo conhecimento.

Educamos ativando as emoções? Realmente formamos cidadãos com sentido crítico, conscientes da sua responsabilidade social? Orientamos a nossa atividade docente na direção do gosto pelo estético, da busca da verdade e da bondade?

Se entendermos a nossa profissão, essas perguntas apelam à necessidade de recuperar uma educação holística, que impregne a nossa atividade. Na aula de história, os testemunhos meramente humanos, os exemplos vividos, constituem a melhor lição, a que toca de forma transversal os valores universais que deveríamos transmitir. Sabem os nossos alunos que, em plena Primeira Guerra Mundial (1914-1918), os soldados inimigos celebraram juntos o Natal? Conhecem o significado profundo dos desvios totalitários através de protagonistas ou de seus filhos ou netos? Leem textos dessas testemunhas? Sabem quais romancistas e poetas foram censurados em épocas obscuras?

Talvez devamos ir por aí. Quiçá convenha assistir a *Glória feita de sangue*, de Kubrick, para, baseando-nos na falta de sentido da guerra, valorizar a paz, esse bem supremo que somente se valoriza suficientemente quando se perde.

O invisível, o mais transversal e genérico do fato educativo, perde-se entre programas, instruções e critérios meramente utilitaristas. O grande andaime burocrático da administração educativa prende-nos como uma imensa teia de aranha. Essa é a origem da figura do professor de valor, autocrítico, honesto, empático, centrado no aluno, que supera barreiras e concebe o seu trabalho de forma humanista.

Temos de alargar o horizonte dos nossos alunos, ajudá-los a serem livres, responsáveis, críticos e conscientes. A serem gente.

Essa é a educação invisível. A básica. A mais útil.

Referências bibliográficas

ALBERTÍ, M. (2011). *La creatividad en matemáticas*. Barcelona: RBA.

ARISTÓTELES (2011). *Protréptico. Una exhortación a la filosofía*. Madrid: Gredos.

BACH, E. (2014). *La belleza de sentir*. Barcelona: Plataforma Editorial.

____; FORÉS MIRAVALLES, A. (2012). *La asertividad. Para gente extraordinaria*. Barcelona: Plataforma Editorial.

CAMPS, V. (2011). *El gobierno de las emociones*. Barcelona: Herder.

CARPENTER, E.; McLUHAN, M. (1968). *El aula sin muros*. Barcelona: Ediciones De Cultura Popular.

COVINGTON, M. V. (2000). *La voluntad de aprender. Guía para la motivación en el aula*. Madri: Alianza Editorial.

DAMASIO, A. (2010). *Y el cerebro creó al hombre*. Barcelona: Círculo de Lectores. [Ed. bras.: *E o cérebro criou o homem*. 2. reimpr. São Paulo: Companhia das Letras, 2016.]

____; RIEMEN, R. (2015). *La universitat de la vida*. Barcelona: Arcàdia.

DAVIS, K.; GARDNER, H. (2014). *La generación APP*. Barcelona: Paidós.

DELIBES, M. (2003). *El Camino*. Barcelona: Destino.

DEL POZO, J. M. (2014). *Educacionari*. Barcelona: Edicions 62.

DENNETT, D. C. (2013). *Bombas de intuición y otras herramientas de pensamiento*. México: Fondo de Cultura Económica.

FORÉS MIRAVALLES, A. et alii (2015). *Neuromitos en educación. El aprendizaje desde la neurociencia*. Barcelona: Plataforma.

_____; GRANÉ ORTEGA, J. (2018, 2. ed.). *La resiliencia en entornos socioeducativos*. Madri: Narcea. [Ed. bras.: *A resiliência em ambientes educativos*. São Paulo: Paulinas, 2015.]

GARDNER, H. (2013). *La mente no escolarizada. Cómo piensan los niños y cómo deberían enseñar las escuelas*. Barcelona: Paidós. [Ed. bras.: *A crianca pré-escolar: como pensa e como a escola pode ensiná-la*. Porto Alegre: Artes Médicas, 1994.]

_____ (2012). *El desarrollo y la educación de la mente*. Barcelona: Espasa.

_____ (2011) *Verdad, belleza y bondad reformuladas*. Barcelona: Paidós. [Ed. bras.: *O verdadeiro, o belo e o bom redefinidos: novas diretrizes para a educação no século XXI*. Rio de Janeiro: Rocco, 2012.]

GERVER, R. (2010). *Crear hoy la escuela del mañana*. Madrid: SM.

GOLEMAN, D. (2013). *Focus*. Barcelona: Kairós. [Ed. bras.: *Foco: a atenção e seu papel fundamental para o sucesso*. 11. reimpr. Rio de Janeiro: Objetiva, 2016.]

_____ (2012). *El cerebro y la inteligencia emocional. Nuevos descubrimientos*. Barcelona: Ediciones B. [Ed. bras.: *O cérebro e a inteligência emocional: novas perspectivas*. 1. reimpr. Rio de Janeiro: Objetiva, 2016.]

_____ (2006). *Inteligencia social*. Barcelona: Kairós.

HUME, D. (1985). *Tratado de la naturaleza humana*. Barcelona: Orbis. [Ed. bras.: *Tratado da natureza humana*. 2. ed. rev. e ampl. São Paulo: UNESP, 2009.]

KUHN, T. S. (1978). *La revolución copernicana I*. Barcelona: Orbis.

KÜPPERS, V. (2012). *Vivir la vida con sentido*. Barcelona: Plataforma Editorial.

L'ECUYER, C. (2017). *Educar en l'admiració*. Barcelona: Plataforma Editorial.

LLEDÓ, E. (2013). *Los libros y la libertad*. Barcelona: RBA.

_____ (2009). *Ser quien eres*. Zaragoza: Prensas Universitarias de Zaragoza.

LURI, G. (2008). *L'escola contra el món. L'optimisme és possible*. Barcelona: La Campana.

MANGUEL, A. (2015). *Una historia natural de la curiosidad*. Madrid: Alianza. [Ed. bras.: *Uma história natural da curiosidade*. São Paulo: Companhia das Letras, 2016.]

_____ (2001). *Una historia de la lectura*. Madrid: Alianza. [Ed. bras.: *Uma história da leitura*. 2. ed., 3. reimpr. São Paulo: Companhia das Letras, 2004.]

MARINA, J. A. (2010). *La educación del talento*. Barcelona: Círculo de Lectores.

_____ (2009). *La recuperación de la autoridad*. Barcelona: Versátil.

MARRASÉ J. M. (2013). *La alegría de educar*. Barcelona: Plataforma Editorial.

_____ (2016). *La belleza de las matemáticas*. Barcelona: Plataforma Editorial.

MONTES, G. (2017). *Buscar indicios. Construir sentido*. Bogotá: Babel Libros.

NADAL, J. (2017). *Libroterapia. Leer es vida*. Barcelona: Plataforma Editorial.

NUSSBAUM, M. C. (2012). *Crear capacidades*. Barcelona: Paidós.

_____ (2006). *Sin fines de lucro. Por qué la democracia necesita de las humanidades*. Madrid: Katz. [Ed. bras.: *Sem fins lucrativos: por que a democracia precisa das humanidades*. São Paulo: WMF Martins Fontes, 2015.]

PENNAC, D. (2008). *Mal de escuela*. Barcelona: Mondadori. [Ed. bras.: *Diário de escola*. Rio de Janeiro: Rocco, 2008.]

RUSSELL, B. (1975). *Principios de reconstrucción social*. Madrid: Espasa Calpe.

_____ (1972). *Ensayos filosóficos*. Madrid: Alianza Editorial.

ROBINSON, K. (2015). *Escuelas creativas*. Barcelona: Grijalbo. [Ed. bras.: *Escolas criativas: a revolução que está transformando a educação*. Porto Alegre: Penso, 2019.]

ROJAS, E. (2016). *5 consejos para potenciar la inteligencia*. Barcelona: Planeta.

SACKS, O. (2017). *Musicofilia. Relatos de la música y el cerebro*. Barcelona: Anagrama. [Ed. bras.: *Alucinações musicais: relatos sobre a música e o cérebro*. 2. ed., rev. e ampl., 2. reimpr. São Paulo: Companhia das Letras, 2015.]

SENNETT, R. (2003). *El respeto. Sobre la dignidad del hombre en un mundo de desigualdad*. Barcelona: Anagrama. [Ed. bras.: *Respeito: a formação do caráter em um mundo desigual*. Rio de Janeiro: Record, 2004.]

SERRANO, S. (2007). *Els secrets de la felicitat*. Barcelona: Ara Editorial.

SINGH, S. (2017). *El último teorema de Fermat*. Santiago de Chile: Hueders. [Ed. bras.: *O último teorema de Fermat: a história do enigma que confundiu as maiores mentes do mundo durante 358 anos*. 14. ed. Rio de Janeiro: Record, 2008.]

SKOLIMOWSKI, H. (2016). *La mente participativa*. Gerona: Atalanta.

URUÑUELA, P. M. (2019). *La gestión del aula*. Madrid: Narcea.

VILASECA, J. (2015). *La força d'una escola de vida*. Barcelona: Plataforma Editorial.

WAGENSBERG, J. (2017). *Teoría de la creatividad*. Barcelona: Tusquets.

_____ (2014). *El pensador intruso*. Barcelona: Tusquets.

_____ (2007). *El gozo intelectual*. Barcelona: Tusquets. [Ed. bras.: *O gozo intelectual: teoria e prática sobre a inteligibilidade e a beleza*. Campinas: UNICAMP, 2009.]

_____ (1985). *Ideas sobre la complejidad del mundo*. Barcelona: Tusquets.